Reinhard Welscher

wuchs im Münsterland auf und ging dort auch zur Schule. Nach dem Germanistik- und Pädagogikstudium verbrachte er längere Zeit im Ausland. Dort kam er auf die Idee, auch unter einfachsten Bedingungen, nur mit einer Pfanne, ohne Backofen, sein Vollkornbrot selbst zu backen. Durch erste positive Erfahrungen angeregt, beschäftigte er sich intensiv mit dieser neuen Art des Backens und in diesem Zusammenhang auch mit der Vollwerternährung. Inzwischen kann er auf 35 Jahre Pfannenbacken zurückblicken und möchte mit diesem Büchlein auch dem breiteren Publikum seine Backmethode nahebringen. Er selbst ist felsenfest davon überzeugt, daß es für den Privathaushalt keine bessere Methode des Brotbackens gibt.

Dieses Buch ist für alle, die Freude am Backen haben und gutes Brot lieben.

Reinhard Welscher

Das Brot
aus der Pfanne

schnell gemacht
und einfach lecker

Autor: Reinhard Welscher

Umschlag: Andrea Würtz, Reinhard Welscher

Verlag &Druck: tredition Gmbh, Halenreie 40-44, 22359 Hamburg

ISBN

Paperback *978-3-347-06484-3*

Hardcover *978-3-347-06485-0*

e-Book *978-3-347-06486-7*

Inhaltsverzeichnis

Ein Wort zuvor

Es ist jetzt genau 35 Jahre her, daß ich mit einem Kopf voller Backideen aus Indien nach Deutschland zurückkam. Die Zeit in Indien war ganz anders verlaufen, als ich vorgehabt hatte. Permanent hatte ich Pfannenbacken im Kopf gehabt, wie es funktioniert, wie ein Teig sein müßte etc., etc. etc.. Alles nur im Kopf, weil ich hatte natürlich keine Küche, nur einen schäbigen Kerosinkocher und eine ganz billige kleine Teflonpfanne, und bei weitem nicht die Zutaten, die ich nutzen wollte. So wußte ich also bei meiner Rückkehr nur, daß man durchaus Brot und Kuchen etc. in einer Pfanne backen kann, aber ob es auch so funktioniert, wie ich es im Kopf hatte, das war nicht klar. Glücklicherweise hatte ich tolle Eltern, die zwar nicht unbedingt an mich geglaubt hatten, mir aber trotzdem den Raum gaben, meine Idee zu entwickeln und ein Buch darüber zu schreiben, welches dann 2 Jahre später bei GU unter dem Titel „Vollwertig Backen in 1 Pfanne" erschien. Das Buch war zwar jetzt nicht gerade so geworden, wie ich es gerne gehabt hätte, aber immerhin hatte ich meine Idee verkauft und etwas Kapital für einen neuen Lebensabschnitt.

Anfang der Neunzigerjahre war das Buch vergriffen, der Verlag ließ seine Kochbuchreihe über die Vollwertküche auslaufen und ich erhielt die Rechte an meinem Buch zurück. Seitdem hatte ich immer mal wieder den Gedanken, es noch einmal zu überarbeiten, auch zu erweitern, und dann noch einmal so zu veröffentlichen, daß ich auch richtig dazustehen kann. Aber immer war anderes wichtiger, als kleiner Soloselbstständiger hat man eh genug Arbeit. Außerdem hatte ich auch nicht so das Gefühl, als wäre ein Rieseninteresse für Brot- und Kuchenbacken vorhanden, schon gar nicht an einer alternativen Backmethode.

Unter Campern ist mein Buch teilweise ein Geheimtip, und duchaus lese ich manchmal, daß mein Buch das Lieblingskochbuch ist. Auch die Teilnehmer an meinen Brotbackkursen waren schon durchaus angetan, aber es waren auch immer nur ein paar...

Und dann haben wir jetzt auf einmal die Coronakrise! Schon Anfang März waren mitunter die Regale fast leer, Getreide war ausverkauft, glutenfreie Mehle waren ausverkauft, selbst Hefe war mitunter nicht zu kriegen. Ihr wollt also wirklich backen! Da wurde mir klar, jetzt muß ich mein Buch wieder neu veröffentlichen, wenn auch aus Zeitgründen erst mal nur beschränkt auf das Brotbacken.

Auch wenn es für viele unter euch kaum vorstellbar ist, es gibt keine einfachere Methode Brot zu backen als in einer Pfanne. Auch Hefe- und Sauerteige werden nur vermengt, nicht anstrengend geknetet, die nur von unten kommende Hitze fördert das Aufgehen, also braucht man weniger Gärmittel. Das fertige Brot ist so schmackhaft und so bekömmlich, wie man es im Backofen kaum machen kann. Leider kann ich euch an dieser Stelle nichts zum

Probieren anbieten, um diese Aussage zu untermauern, ihr müßt es einfach mal ausprobieren.

Noch eine kurze Anmerkung zu diesem Büchlein: Mir ging es nicht darum, unbedingt ein schönes Backbuch zu schreiben, in dem man sich auch viele Bildchen von den Endprodukten anschauen kann. Da alle Brote immer in der Pfanne gebacken werden, sehen sie eh alle ähnlich aus. Wichtig ist mir, daß ich euch die Backmethode nahebringe und ihr bald in der Lage seid, eure eigenen Rezepten zu entwickeln.

Von daher wünsche ich euch viel Spaß beim Pfannenbacken und vor allem auch Guten Appetit

Euer

R. Welscher

Wissenswertes

Die Vorteile des Pfannenbackens

Bei der Herstellung eines Brotes sind sämtliche Elemente beteiligt: Das Korn (Erde) wird mit einer Flüssigkeit (Wasser) vermischt, damit es weich und geschmeidig wird; mit der Zeit entwickelt sich eine Gärung, die den Teig hebt und ihn leicht und locker macht (Luft); schließlich wird das Brot gebacken (Feuer) und erhält dadurch wieder eine feste Struktur.

Je natürlicher diese Prozesse vollzogen werden, desto besser ist auch das fertige Brot. Deutlich merkt man deshalb sowohl im Geschmack als auch im Gehalt einen Unterschied zwischen einem schnell aufgegangenen Hefebrot und einem langsam gereiften Sauerteigbrot. Ein solcher Unterschied ist jedoch nicht nur bezüglich des Gärprozesses, sondern auch bezüglich des Backprozesses feststellbar. Im Folgenden versuche ich, den Unterschied zwischen dem Brotbacken im Backofen und demjenigen in der Pfanne darzustellen.

Das Brotbacken im Backofen

Der relativ kleine Brotteig wird in einen verhältnismäßig großen Raum gestellt, der mit viel Energie (etwa 1,7 Kilo-Wattstunden) auf 220° erhitzt wird. Diese starke Hitze wirkt von allen Seiten auf den Teig, der Teig selbst jedoch strebt durch die Gase und den Wasserdampf nach oben. Das bedeutet, daß nur ein Teil der Hitze die natürliche Entfaltungsrichtung des Teiges unterstützt, die Hitze von oben ihr jedoch entgegen wirkt. Dadurch wird Energie verpufft! Dieses ist sowohl elektrische Energie, was hauptsächlich unseren Geldbeutel und darüber hinaus natürlich auch unsere Natur schmerzt, als auch die Energie des Brotteiges, was für uns als Bäcker und Genießer noch bedauerlicher ist. Denn es ist genau die Energie, die wir selbst beim Teigkneten hineingesteckt haben , und ebenso auch die Kraft des Getreidekorns, die nachher dem fertigen Brot fehlt. Der strenge Hefegeruch, den man so häufig in Backstuben antrifft, entsteht durch verpuffte, unverbundene Hefegase, die man aber erst benötigt hat, damit der Teig überhaupt genug aufgeht. Die Reibung ist erst beendet, wenn der Teig von außen eine feste Form erhalten hat, und erst dann kann die Hitze richtig in das Innere des Teiges eindringen, um ihn auch dort zu garen. Vor allem bei den feuchteren Sauerteig-Schrotbroten ist bis dahin jedoch die Kruste schon längst zu stark gebacken. Nicht selten bekommt man deshalb Brote, die entweder innen noch nicht richtig durchgegart sind oder aber, damit dieses nicht der Fall ist, einfach viel zu trocken hergestellt werden. Etwas vermindern kann man diese Fehlerquelle, wenn man den Brotteig anfangs durch Alufolie oder einen Deckel auch von oben vor der übergroßen Hitze bewahrt, von unten ist er ja durch die Form etwas geschützt.

Das Brotbacken in der Pfanne

Bei dieser Backmethode wirkt die Hitze unmittelbar und ausschließlich auf die Pfanne und somit auf den Teig. Zudem kommt sie nur von unten und unterstützt die natürliche Entfaltungsrichtung des Teiges. Es entsteht also keine Reibung! Dies bedeutet:

Es wird nur wenig Energie benötigt.

Da die ganze Kraft des Korns erhalten bleibt, gewinnt das Brot an Qualität.

Ein kräftiges Kneten des Teiges ist überflüssig und es genügt, wenn die Zutaten gut miteinander vermengt werden. Da die Teige auch feuchter gehalten werden, ist das Vermengen ziemlich einfach.

Auf Stufe 1½ (Bei meiner Kochplatte sind dies 370 Watt!) gart der Teig langsam von unten nach oben. Wenn nach etwa 50 Minuten der Boden und der Rand des Brotes braun und etwas knusprig geworden sind (erst dann löst sich das Brot ganz leicht von der Pfanne), so ist das Brot auch oben fertig gegart. Da das Brot jetzt jedoch oben etwas lockerer ist als unten und ich es auch bezüglich der besseren Lagerung von allen Seiten leicht knusprig haben möchte, wende ich das Brot und backe es auch in knapp 20 Minuten von der Oberseite.

Nochmals wird das Brot von unten nach oben durchgegart: Das Endprodukt ist somit ein doppelt gebackenes Brot, was der Struktur, dem Geschmack und der Bekömmlichkeit förderlich ist. Dieses merkt man schon beim Schneiden: Vom Anfang bis zum Ende kann man dünne Scheiben abschneiden, das Brot ist weder zu bröckelig, noch bleiben Teigreste am Brotmesser haften. Außerdem kann man auch beim Kauen des Brotes Unterschiede feststellen. Selbst wenn das Getreide ganz grob geschrotet wurde, ist jedes einzelne Korn so gut gegart, daß auch Gebißträger und kleine Kinder beim Kauen keinerlei Schwierigkeiten haben.

Der einzige „Nachteil" ist eigentlich: Eine Massenproduktion ist nicht möglich, sondern wir müssen solche Brote selber zuhause machen.

Backen mit dem vollen Korn

Als ich in den Achtzigerjahren mein damaliges Backbuch geschrieben habe, hätte ich niemals gedacht, daß man auch im Jahr 2020 noch eine Diskussion führt, ob man Vollkornprodukte ißt oder nicht. Damals waren alles Naturkostläden, alles was man dort kaufen konnte, war Vollkorn. Was ist daraus geworden? Aus den Naturkostläden wurden Bioläden bzw. Bio-Supermärkte, der wichtige Aspekt ist heute nicht mehr „Naturkost", sondern „biologisch angebaut". Da inzwischen auch viele normale Supermärkte Bioabteilungen haben, ist es zwar einfacher geworden, die einzelnen Zutaten zu erwerben, aber fertige

Backwaren aus Vollkorn sieht man nur wenig, Brot vielleicht ausgenommen (Das kann ich nicht beurteilen, weil ich nie Brot kaufe.).

Wenn ich dann mal nachfrage, warum das so ist, kriege ich zur Antwort „Die Leute kaufen es nicht!". Nun, das kann ich nachvollziehen. Die meisten Backwaren waren zu trocken, von daher nicht extra schmackhaft, mühsam zu kauen und schwer zu verdauen. Werden die Vollkornprodukte dagegen richtig zubereitet, also mit genügend Flüssigkeit, sind sie nicht nur besser verträglich, sondern mindestens ebenso lecker wie Weißmehlprodukte.

Beim Pfannenbacken erübrigt sich diese Diskussion: **Pfannenbacken, zumindest so, wie ich backe, geht nur mit Vollkorn.** Als Soloselbstständiger habe ich nicht viel Zeit, bei mir muß es in der Küche einfach sein und schnell gehen. Bei mir müssen die Zutaten arbeiten, und das tun sie am besten, wenn sie komplett genutzt werden und kriegen, was sie brauchen.

An dieser Stelle ein Wort nebenbei: Natürlich ist meine Küche auch entsprechend eingerichtet, und natürlich habe ich eine Getreidemühle und mahle mir das Getreide immer gerade so, wie ich es in dem Moment haben möchte. Vor allem bei Brot liebe ich es, wenn das Getreide relativ grob geschrotet ist. Ganz abgesehen davon schmeckt frisch gemahlenes Getreide deutlich besser als fertig gekauftes Mehl. Also ein Mühlenkauf (empfehlenswert ist ein Stein- oder auch Keramikmahlwerk) ist eine super Investition; es gibt schon gute für 200-300 €,

Aufsätze für Küchenmaschinen sind noch billiger. Was kostet inzwischen ein Vollkornbrot im Bioladen? Da müßt ihr doch nur mal rechnen, wie schnell ihr den Mühlenkauf wieder raus habt, wenn ihr ab jetzt euer Brot selber macht. Obendrein schmeckt es besser und macht auch noch Spaß beim Machen!

Die Backeigenschaften der einzelnen Zutaten

Man kann zwar beim Pfannenbacken nicht besonders stark in der Form der Backwaren variieren, dafür jedoch durch die Verwendung der verschiedensten Zutaten. Wieviel Getreidearten mit all ihren Variationen es allein schon gibt, die in Geschmack und Gehalt und somit auch in der Wirkung auf unseren Körper sehr unterschiedlich sind. Je nachdem wie man den Teig zubereitet und welche Zutaten man verwendet, erhält man die unterschiedlichsten Ergebnisse. Die einzelnen Zutaten haben nicht nur ihren typischen Geschmack, sondern auch ein ihrer Natur entsprechendes spezielles Backverhalten. Dies ist beim Pfannenbacken hinsichtlich der natürlichen Teigentfaltung für das Gelingen der Backwaren von viel entscheidenderer Bedeutung als beim herkömmlichen Backen im Backofen. In groben Zügen möchte ich deshalb versuchen, besondere Beobachtungen hinsichtlich des Backverhaltens der einzelnen Zutaten zu beschreiben. Die Backzutaten sind in folgende 3 Gruppen untergliedert:

Die verschiedenen Getreidearten, die die Grundsubstanz eines Teiges sind. In dieser Gruppe sind auch Buchweizen, Bohnen und Linsen etc. aufgeführt, da sie ebenfalls zur Grundsubstanz werden.

Die verschiedenen Flüssigkeiten, die als deren Nahrungsgeber dienen.

Weitere Zutaten, die durch treibende oder bindende Eigenschaften die Entfaltung und die Struktur eines Teiges beeinflussen.

Das Backverhalten der Getreidearten

Weizen hat wegen seines hohen Anteils an Bindeeiweiß ein neutral gutes Backverhalten und ist mit allen anderen Zutaten kombinierbar, wobei er sich im Geschmack leicht prägen läßt.

Dinkel ist eine alte Kulturform des Weizens. Er hat einen feinen nußartigen Geschmack und kann anstelle von Weizen verwendet werden. Im Vergleich ist er etwas gehaltvoller als Weizen.

Grünkern ist in der Milchreife geernteter und auf Holzkohlenfeuer gedarrter Dinkel. Grünkernmehl nimmt immer viel mehr Flüssigkeit auf als Weizen oder Dinkel.

Kamut (Khorasan-Weizen) ist eine antike Weizenform. Das Korn ist härter als bei Weizen oder Dinkel, weshalb ich ihn höchstens mittelgrob schrote, und nimmt deutlich mehr Flüssigkeit auf. Kamut ist gehaltvoller als Dinkel und schmeckt ebenfalls etwas nußartig.

Emmer, Einkorn sind auch Urweizenformen. Ich habe sie noch nie ausprobiert.

Roggen ist das kräftigste Getreide. Er reagiert seinem Gehalt entsprechend etwas langsam und träge. Ich verwende ihn deshalb überwiegend zum Brotbacken, also für Teige, die langsam reifen. Roggen ist sehr reich an Mineralstoffen und verlangt eine intensive Verdauungstätigkeit. Durch Darren wird Roggen reaktionsfreudiger und etwas leichter bekömmlich.

Gerste ist als Nacktgerste (empfehlenswerter) und als geschälte Gerste im Handel. Das Mehl ist von körniger Struktur, die auch während des Backens nicht ganz verlorengeht. Durch Darren des Mehles wird das Mehlkorn weicher. Gerstenmehl saugt schon in kaltem Zustand viel Flüssigkeit auf, die fertigen Backwaren sind etwas kompakter. Gerste eignet sich gut als Kinder- und Krankenkost.

Hafer ist als Nackthafer (empfehlenswerter) und als geschälter Hafer im Handel. Er muß vor dem Mahlen geröstet werden, da er sonst flockenartig wird. Das Mehl reagiert schnell und nimmt schon in kaltem Zustand die Flüssigkeit gut auf. Es fördert das Aufgehen eines Teiges und Backwaren mit Hafer sind etwas schneller gar.

Hafermehl verbindet sich zwar gut mit den Flüssigkeiten und anderen Zutaten, weniger jedoch mit sich selbst. Die fertigen Backwaren sind von weicher Konsistenz. Hafer ist gut verdaulich und hat unter den Getreiden den höchsten Eiweiß- und Fettgehalt. Er wirkt stark belebend.

Hirsemehl nimmt erst beim Erhitzen (dann aber relativ schnell) Flüssigkeit auf und fördert dadurch das Aufgehen eines Teiges. Es behält jedoch eine körnige Struktur und verbindet sich nicht richtig mit anderen Zutaten. Durch Darren des Korns oder des Mehles kann dies etwas behoben werden. Die Backwaren sind leicht und locker, falls nicht durch andere Zutaten richtig gebunden, auch stark krümelig. Hirse ist das mineralstoffreichste Getreide und wirkt besonders auf Augen und Haut.

Diese Beschreibung gilt vor allem für die körnige Goldhirse, die vor über 30 Jahren überwiegend im Handel war. Inwieweit das auch für die feinkörnigere Goldhirse, die heutzutage häufiger zu finden ist, kann ich nicht sagen, gekocht ist sie deutlich breiiger.

Braunhirse ist eine feinkörnige Hirseart; da man sie auch ungeschält kriegt, ist sie eine nette Zutat für glutenfreie Brote.

Sorghum (Möhrenhirse, siehe auch Quinoa-Sorghum-Brot) hat unter den Hirsesorten das größte Korn und ist gehaltvoller als die anderen Hirsesorten. Bedauerlicherweise ist Sorghum in Deutschland nur als Vogelfutter erhältlich, für viel Geld gibt es Anbieter, die es organisieren. Sorghum ist eine sehr leckere Alternative für glutenfreie Backwaren.

Naturreis gibt es in vielen Varianten: Lang- und Rundkornreis, Bhasmati, Jasminreis, roten und schwarzen Reis, Wildreis... Geschmacklich sind sie alle sehr unterschiedlich, bei den Mehlen habe ich bezüglich des Backverhaltens keine Unterschiede feststellen können, der Wildreis (habe ich bislang noch nicht verbacken) könnte noch mal mehr Flüssigkeit binden. Reismehl reagiert wie Hirsemehl erst beim Erhitzen, auch dann jedoch etwas träge. Es saugt die Flüssigkeit eher auf. Die fertigen Backwaren sind deshalb nicht stark aufgegangen und ziemlich dicht, dadurch aber auch nicht so krümelig wie Backwaren mit Hirsemehl. Gerne nutze ich diese Eigenschaft für Kuchen mit Früchten, die viel Wasser abgeben beim Backen, wie z.B. Aprikosen oder Zwetschgen.

Mais kann nur in wenigen Mühlen gemahlen werden. Im Handel ist er als Maismehl, feiner (Polenta) oder grober Maisgrieß (Kukuruz) erhältlich. Maismehl reagiert langsam, nimmt dann aber schon in kaltem Zustand viel Flüssigkeit auf und wirkt stark bindend (breiartig), jedoch nicht unbedingt verbindend. Mais hemmt das Aufgehen eines Teiges.

Amaranth gehört zu den Pseudogetreiden, welches sehr Calcium-, Mineralstoff- und Eiweißhaltig aber Glutenfrei ist. Amaranth nimmt nicht extra Flüssigkeit auf und bleibt auch relativ unverbunden. Backwaren mit hohem

Amaranthanteil müssen deshalb durch andere Zutaten gut gebunden sein.

Quinoa gehört ebenfalls zu den Pseudogetreiden und ist in den letzten Jahren vor allem in der glutenfreien Küche populär geworden. Das Mehl nimmt schnell relativ viel Flüssigkeit auf, wenn man es noch durch andere Zutaten (z.b. Chia- oder Flohsamen) bindet, kann man sehr leckere glutenfreie Backwaren herstellen. Quinoa gibt es weiß, rot und schwarz, allerdings sind das rote und schwarze Quinoa leider seltener und teurer, alternativ ist buntes Quinoa (überwiegend weißes mit etwas rotem und schwarzem) erhältlich.

Buchweizen ist kein Getreide, sondern ein Knöterich-gewächs (also Glutenfrei), das Mehl zeigt ganz hervorragende Backeigenschaften mit guter Bindekraft, so daß man es sehr gut zum Brot- und Kuchenbacken verwenden kann. Buchweizen ist sehr schmackhaft und leicht bekömmlich.

Rote Linsen sind reich an Balaststoffen und Protein. Das Mehl nimmt viel Flüssigkeit auf und zeigt gute Bindekräfte, geschmacklich ist es leicht süßlich. Gibt es schon fertig als Mehl zu kaufen, ist aber auch einfach in der Mühle zu mahlen.

Weitere Linsensorten sind mit Sicherheit auch gut für glutenfreie Brote zu verwenden, müßt ihr selber ausprobieren, die sind jetzt nicht unbedingt mein Geschmack.

Kichererbsenmehl (Kicherbsen sind schwierig selber zu mahlen.) gibt es geröstet (allerdings mit Öl) und ungeröstet zu kaufen, das ungeröstete sollte man dann selber in einer trockenen Pfanne bei kleiner Hitze leicht rösten (darren), es ist dann besser zu verdauen. Kicherbsenmehl nimmt viel Flüssigkeit auf und hat gute Bindekräfte.

Mungbohnen sind sehr eiweißhaltig, das Mehl (Sie sind einfach zu mahlen.) nimmt gut Wasser auf und zeigt gute Bindekräfte.

Ich bin kein Bohnenfan, also probiert selber aus, welche Bohnen sich sonst noch gut verbacken lassen. Allerdings ist es empfehlenswert, Bohnenmehl immer erst leicht zu rösten.

Vollsojamehl (auch Sojamehl, vollfett) aus entbitterten, feingemahlenen Sojabohnen nimmt schnell und viel Flüssigkeit auf und hat stark bindende Eigenschaften (Eiersatz). Sojamehl macht die Backwaren weicher und vermindert das Austrocknen, deshalb glaube ich, daß Sojamehl in den Bäckereien viel häufiger verwendet wird, als man glaubt. Schon geringe Mengen (So wenig, daß es nicht deklariert werden muß!) reichen, um einen Teig entscheidend zu verändern. Scheinbar sind die Brote dann feuchter, stimmt aber nicht, sie sind nur weicher. Das Getreide hat eigentlich noch weniger Wasser, da das Sojamehl dem Getreide noch Wasser „klaut". Während ich früher durchaus ab und an Sojamehl verwendet habe (siehe auch Hefebrötchen und Hefeküchlein), so nutze ich es inzwischen gar nicht mehr, ich vertrage es nicht.

Süßlupinenmehl kann ähnlich wie Sojamehl verwendet werden. Süßlupine gehört auch zu den Hülsenfrüchten, ist ebenso eiweißreich wie Soja und wird häufig in der Nahrungsmittelindustrie verarbeitet. Allerdings gehört Süßlupine auch zu den 14 häufigsten Verursachern von Nahrungsmittelallergien!

Chiasamen, Flohsamen und Leinsamen nehmen vor allem in gemahlenem Zustand viel Wasser auf (Leinsamen etwas weniger als die beiden anderen) und bilden dann einen Schleim, der auch glutenfreie Mehle super zusammenhält. Alle drei Samensorten sind sehr gut für die Verdauung.

Schrot, Flocken und auch Grieß benötigen immer etwas mehr Flüssigkeit als Mehl.

Das Backverhalten der Flüssigkeiten

Wasser hat ein neutrales Backverhalten.

Milch reagiert ähnlich wie Wasser, verfeinert aber den Geschmack.

Buttermilch ist vorwiegend geschmacksverfeinernd und fördert je nach Säuerung das Aufgehen eines Teiges unterschiedlich stark. Die im Handel befindlichen Buttermilchsorten sind nicht nur im Milchsäuregehalt, sondern auch in der Fermentierung sehr unterschiedlich, was jedoch auf die Mengenangaben keinen Einfluß hat.

Joghurt und Dickmilch (3,5% Fettgehalt) enthalten viel Milchsäure und verflüssigen sich erst beim Backen beziehungsweise bei starker Säuerung richtig, weshalb sie das Aufgehen eines Teiges fördern. Da Joghurt stärker fermentiert ist und sich somit langsamer verflüssigt, ist er Dickmilch vorzuziehen. Beide Produkte sollten mit rechtsdrehender Milchsäure hergestellt sein!

Kefir (3,5% Fettgehalt) ist schwach alkoholartige Milch, bei deren Herstellung der Milchzucker in Alkohol und Kohlensäure zerlegt wird. Kefir fördert deshalb das Aufgehen eines Teiges und wirkt geschmacksverfeinernd.

Quark enthält viel Milchsäure, zeigt aber wegen seiner starken Flüssigkeitsaufnahme vor allem gut bindende Eigenschaften, Sahnequark wegen seines hohen Fettgehaltes dabei stärker als Magerquark. In Zusammenhang mit einem feuchten Sauerteig macht er die Backwaren sehr leicht und locker, in Zusammenhang mit Hefe dagegen besser gebunden und verhindert dadurch ein zu starkes Aufgehen. Ohne eine gärende Zutat sind Backwaren mit Quark meist von ziemlich dichter Struktur.

Sahne umschließt das einzelne Mehlkorn und macht es weich. Mit der Zeit verfestigt sie sich dann und bindet das Backwerk.

Saure Sahne enthält einerseits Milchsäure, hat aber andererseits auch leicht das Mehlkorn umschließende Eigenschaften. Je nach Fettgehalt überwiegt dabei die leicht lockernde (normale saure Sahne, 10%) oder aber die bindende Eigenschaft (Schmant, 20 oder 24%).

Kohlensäurehaltiges Mineralwasser gibt beim Rühren Kohlensäure frei, wodurch ein spontaner Gärprozess in Gang gesetzt wird. Das Mehl verbindet sich dabei sehr schnell und intensiv mit dem Wasser, die Kohlensäure wird eingeschlossen und hebt beim Backen den Teig leicht in die Höhe. Mineralwasser ist beim Pfannenbacken außerordentlich vielseitig verwendbar, sowohl für die Herstellung von einfachen Fladen als auch von feinen Kuchen.

Alkohol verdampft sehr schnell beim Erhitzen und hebt dadurch einen Teig. Wegen der Schnelligkeit dieser Reaktion muß auch ein Teig ohne Butter immer gut gebunden sein. Ein Mürbeteig dagegen wird durch das schnelle Verdampfen knuspriger.

Zu beachten ist, daß sich Hirsemehl und Alkohol nicht gut vertragen, da Hirsemehl mit den Dämpfen in die Höhe geht und dabei nicht gegart wird. Empfehlenswert ist dagegen eine Kombination von Reismehl und Alkohol, da Reismehl das Verdampfen etwas verlangsamt und sich von der Flüssigkeit in die Höhe tragen läßt.

Bier enthält Alkohol und Kohlensäure. Im Vergleich zu Mineralwasser ist es längst nicht so vielseitig verwendbar, da die schnell aufsteigenden Alkoholdämpfe die Mehl-Wasser-Verbindung lösen. Sehr schmackhaft sind allerdings knusprige Fladen aus Bierteig.

Essig und Zitronensaft sind stark säurehaltig und helfen, einen Teig zu lockern.

Auch Früchte können als Flüssigkeitsgeber verwandt werden: **Feingeriebene Äpfel** wie auch **Apfelsaft bzw. Apfelmost** unterstützen durch ihren leichten Säure- und ihren Fruchtzuckergehalt einen einsetzenden Gärprozess.

Pürierte Bananen bilden wie Eier luftundurchlässige Schichten, so daß der Teig von den aufsteigenden Gasen in die Höhe gehoben wird. Im Gegensatz zu Eiern geben Bananen jedoch gleichzeitig etwas Flüssigkeit an das Mehl ab.

Weitere Zutaten mit treibenden oder bindenden Eigenschaften

Butter verkürzt den Garprozeß des Mehlkorns und beschleunigt das Verdampfen der Flüssigkeit. Ein Rührteig wird durch ihre Kraft in die Höhe getrieben, ein Mürbeteig knuspriger.

Pflanzenöle haben ebenfalls eine leicht treibende Wirkung, allerdings schwächer als Butter.

Hefe spaltet Zucker in Alkohol und Kohlensäure, wodurch ein Teig in die Höhe getrieben wird.

Sauerteig ist ein durch Milchsäurebakterien und Hefepilze gegorener Teig (normalerweise aus Roggenmehl), der durch eine lange Gärzeit einen kräftigen, ausgereiften Geschmack erhält.

Backferment wird zur Herstellung eines Sauerteiges verwandt. Da ich nie Probleme mit meinem selbstzubereiteten Sauerteig hatte, habe ich Backferment noch nie verarbeitet.

Salz kann einen Gärprozess beschleunigen.

Sämtliche Süßungsmittel fördern durch ihren Zucker-gehalt einen Gärprozess. Ich verwende Honig oder Voll-bzw. Rohrohrzucker. Honig hat dabei etwas klebrig bin-dende Eigenschaften, Vollrohrzucker dagegen eher spal-tende Eigenschaften. Verwendet man andere Süßungs-mittel, sollte man einen eventuell darin vorhandenen Flüssigkeitsgehalt berücksichtigen.

Eier sind das übliche Bindemittel beim Kuchenbacken. Sie bilden zähe Schichten, wodurch die im Teig vorhan-denen Gase eingeschlossen werden und somit den Teig in die Höhe treiben. Durch steif geschlagenes Eiweiß wird zusätzlich etwas Luft in den Teig gerührt. Allerdings sollte man Eier beim Pfannenbacken nicht nur wegen der besseren Bekömmlichkeit vorsichtig dosieren. Da Eier auch Flüssigkeit binden, wird durch die Verwendung von zu vielen Eiern der Teig entweder zu trocken, wodurch die Gasbildung verhindert wird, oder aber zu weich, wodurch die Entfaltung zu groß wird und die Backwaren beim Erkalten wieder in sich zusammenfallen.

Käse schmilzt beim Erhitzen und bildet eine zähe Schicht, die, sofern sie nicht zu dünn ist und aufreißt, luft- und wasserundurchlässig ist. Bei einer dicken Käsedecke kann man somit einen Teig oder eine Füllung sehr feucht halten, ohne daß Wasserdampf an den Deckel steigt. Gerieben und unter den Teig gerührt, bindet Käse etwas Flüssigkeit (je nach Alter unterschiedlich viel) und macht den Teig elastisch.

Gemahlene Mandeln und Nüsse und in etwas geringerem Maße auch **gemahlener Sesam** haben hauptsächlich strukturbildende Eigenschaften. Sie verbinden sich mit etwas Flüssigkeit und auch mit Eiern, jedoch nicht mit Mehl. Ähnliches gilt für **gemahlene Mohnsamen**, allerdings nehmen diese deutlich mehr Flüssigkeit auf.

Getrocknete Früchte nehmen Flüssigkeit auf, was durch Erhitzen beschleunigt wird. Über Nacht eingeweichte Früchte, wie man sie beispielweise für ein Früchtebrot verwendet, sind beim Pfannenbacken zu feucht! Man erhält dann Backwaren, die zwar sehr gut schmecken, aber von geschlossener Struktur sind. Je nach Frucht weiche ich sie deshalb nur wenig oder auch gar nicht ein.

Die Backpfanne

Leider ist nicht jede Pfanne zum Backen geeignet, sondern man benötigt eine Pfanne mit Antihaftung und natürlich mit Deckel. War der Markt in den Achtzigerjahren noch einigermaßen überschaubar, so gibt es inzwischen Massen an Pfannen in denen es grundsätzlich möglich ist. Wichtig ist allerdings, daß die Antihaftung ohne vorheriges Erhitzen funktioniert, also eine gußeiserne Pfanne ist von daher nicht geeignet. Die unten beschriebenen Pfannen habe ich selbst ausprobiert.

Edelstahlpfanne mit Wärmeleitkern

Wichtig ist, daß der Wärmeleitkern bis oben zum Rand geht! Gibt es leider nur ganz wenige, wenn überhaupt noch, die meisten haben den Wärmeleitkern nur im Boden, das ist zum Backen nicht so nett. Zum Brotbacken sind sie bedingt zu gebrauchen, man muß sie gut einfetten und mit Mehl ausstreuern, ansonsten löst sich das Brot schlecht von der Pfanne, bei einem Teig mit Butter ist es einfacher. Eine Edelstahlpfanne wird heißer als andere Pfannen, man muß deshalb auf noch niedrigerer Stufe backen!

Teflonpfanne

Ich habe keine Ahnung, wie die heutigen Produkte sind, meine Erfahrungen mit Teflonpfannen sind 40 Jahre her. Das Backen war natürlich einfach, allerdings waren nach 1 Jahr intensivem Backen trotz größter Vorsicht deutlich Gebrauchsspuren sichtbar, und es war damals keine Billigpfanne.

Keramikpfanne

Die Pfanne, es war sogar eine preisgünstige, habe ich von meiner Mutter geerbt, sie war also durchaus schon länger in Gebrauch. Das Brotbacken war möglich, allerdings mußte ich die Pfanne einfetten und mit z.B. Sesam ausstreuen, nach dem Umdrehen war es einfach. Auch bei dieser Pfanne mußte ich die Temperatur etwas runterstellen.

Gußaluminiumpfannen

Diese Pfannen nutze ich am Liebsten zum Backen. Auch diese Pfannen haben natürlich so etwas wie eine Teflonbeschichtung, sind aber angeblich noch speziell behandelt. Meine habe ich jetzt seit über 10 Jahren und, wie ihr euch sicherlich vorstellen könnt, backe ich viel. Allerdings behandel ich meine Pfannen auch sehr pfleglich: **Niemals werden meine Pfannen überhitzt und niemals geht auch nur irgendjemand mit Metall in die Pfanne, auch nicht mit einem Keramikmesser, sondern nur mit Holz oder Plastik, am Besten Silikon.** Und natürlich gibt es auch bei diesen Pfannen große Qualitätsunterschiede.

Was man beim Pfannenkauf beachten sollte

Wenn ihr das Pfannenbacken erst mal ausprobieren wollt, nehmt ihr natürlich das, was ihr habt. Wenn euch die Backmethode überzeugt, dann würde ich nicht beim Pfannenkauf sparen, Qualität zahlt sich langfristig aus, wobei ein Markenname nicht zwangsläufig Qualität bedeutet.

Ein hochgewölbter Glasdeckel ist von Vorteil.

Die Pfanne sollte mindestens 5cm, besser noch 7cm hoch sein.

Die Pfannengröße müßt ihr euch natürlich gut überlegen und dabei daran denken, daß ihr das Brot auch umdrehen müßt. Im Normalfall verwende ich eine 26ger Pfanne, die Brote sind 1600, 1700 g schwer, eine 28ger Pfanne ist mir inzwischen zu schwer, die Brote wiegen circa 2 kg. Easy ist eine 24ger Pfanne, da wiegt ein normales Sauerteigbrot 1200-1300 g.

Die Rezepte in diesem Buch sind alle für eine 24ger Pfanne, bei einer Höhe von 7cm kann man die Brote auch durchaus auch noch etwas größer machen. Meine eigenen Brote sind normalerweise immer so bemessen, daß sie beim Backen den Deckel gerade nicht anheben.

Backtemperatur und Backzeiten

Zu heißes Backen hat immer ein Mißlingen der Back-waren zur Folge! Sie werden dann unten sehr schnell braun und knusprig, während sie oben noch nicht gebacken sind. Sehr wichtig ist deshalb die richtige Temperatureinstellung. In den Achtzigern habe ich auf einer elektrische Kochplatte bei mittlerer Temperatur (Stufe 1,5= 370 Watt) gebacken, das war sehr einfach. Heute habe ich ein Glaskeramikkochfeld und nehme auf einer Neunerskala etwa 3¼. Da ein langsameres Backen jederzeit möglich ist und zudem die Qualität der Backwaren noch erhöht, sollte jeder die ersten Backversuche bei schwacher Hitze ausprobieren und erst nach und nach, falls überhaupt nötig, eine höhere Stufe wählen. Ein guter Richtwert ist die Backzeit von einem Sauerteigbrot mit Roggen und Dinkel, dieses braucht 50 Minuten, bis man es umdrehen kann. Bei der alten Kochplatte konnte ich meinen Wecker danach stellen, es paßte immer genau, bei dem modernen Kochfeld ist das nicht mehr so, da muß ich halt zwei-, dreimal gucken gehen. Besonders vorsichtig muß man auch bei einem Gasherd sein, hier braucht man vor allem auch einen Hitzeverteiler (Findet ihr im Internet oder auch in manchen Haushaltswarenläden.), ansonsten ist die Hitze zu punktuell.

Beeinflußt wird die Backzeit

durch die verschiedenen Getreidearten: Im Vergleich zu Weizen oder Dinkel sind Backwaren mit Buchweizen, Hafer oder Hirse gut 5 Minuten schneller, mit Gerste, Kamut, Mais, Reis und Roggen dagegen bis zu 10 Minuten später gar.

durch Verwendung von Butter: Sie verkürzt die Backzeit durchschnittlich um 10 Minuten.

durch den Flüssigkeitsgehalt: Je flüssiger ein Teig ist, desto länger ist die Backzeit.

Falls man nicht zu heiß bäckt, sind die Backwaren gar, wenn sie von unten braun und etwas knusprig geworden sind. Dann hat sich auch die Oberfläche farblich leicht verändert und sieht nicht mehr teigig aus.

Das Brotbacken

Brot ist eines unserer wichtigsten Grundnahrungsmittel. Deshalb sollte man gerade beim Brotbacken darauf achten, daß das Getreide auf möglichst natürliche Art zubereitet und gebacken wird. Wie ich schon im Kapitel „Die Vorteile des Pfannenbackens" beschrieben habe, wird ein Brot in der Pfanne sehr schonend gegart. Da zudem der Brotteig einfacher und schneller zubereitet ist und man im Laufe der Zeit jede Menge Energie einsparen kann, obendrein das fertige Brot deutlich besser schmeckt und viel bekömmlicher ist, backe ich mein Brot natürlich nur noch in der Pfanne. Ein „Zauberofen" ist die Pfanne jedoch nicht, auch hier muß man den Teig den verschiedenen Gärmethoden entsprechend sorgfältig zubereiten. Aber glaubt mir, wenn ihr einmal begriffen habt, wie ein Teig zu sein hat und wie das Backen abläuft, werdet ihr merken, daß Brotbacken in einer Pfanne kinderleicht ist.

Grundsätzliches:
Sämtliche Zutaten sollten Zimmertemperatur haben.

Ich wiege alles, deshalb sind die Maßangaben für Flüssigkeiten in g und nicht in ccm. Die Maßangaben für Salz beziehen sich auf gestrichene Teelöffel. Da hat ja eh jeder seinen eigenen Geschmack und es ist nur ein Richtwert.

Getreide braucht durchaus schon mal unterschiedlich viel Flüssigkeit, je nachdem ob der Sommer trocken oder feucht war. Deutlich habe ich es jetzt bei meinen neueren Rezepten gemerkt: Bei den jetzt entwickelten Rezepten (Die letzten Sommer waren sehr trocken!) habe ich ca 10% mehr Flüssigkeit gebraucht als bei vergleichbaren Rezepten aus den Achtzigerjahren (Sehr nasse Sommer). Um dieses deutlich zu machen, werde ich bei den alten Rezepten bei der Flüssigkeitsmenge eine Spanne angeben (Hefebrote), bei den Sauerteigbroten im Hauptteig darauf-hinweisen und bei den neuen Rezepten ein „bis" davor-setzen. Wenn ihr Erfahrung habt, werdet ihr schnell merken, ob ein Teig zu trocken oder zu feucht ist, spätestens sonst beim fertigen Brot: Wenn das Brot krümelig ist, ist es zu trocken, ist dagegen beim Brotschneiden das Messer verklebt, dann ist es zu feucht.

In den Achtzigerjahren war Dinkel noch nicht so populär wie heute, deshalb hatte ich alle Rezepte mit Weizen ausprobiert, während ich heute nur noch Dinkel verwende. Deshalb steht bei den älteren Rezepten „Weizen oder Dinkel", umgekehrt darf man natürlich bei den neuen Rezepten Dinkel durch Weizen ersetzen. Ein eventueller Unterschied in der Flüssigkeitsaufnahme ist minimal.

Ein Kneten des Teiges ist nicht notwendig! Ganz im Gegenteil, ein Teig, der zu kneten wäre, ist schlichtweg zu trocken. Wichtig ist, daß die Zutaten gut miteinander vermengt sind. Der eine macht das mit den Händen, der andere mit einem großen Löffel, dieses hängt ja auch von der Stärke der Handgelenke ab, aber Knetenergie braucht der Teig nicht zum Aufgehen. Das machen die Zutaten schon ganz von alleine und die Backmethode unterstützt es.

Damit Teige beim Gären nicht austrocknen, sollte man sie immer gut zudecken, Silikondeckel sind da sehr praktisch, alternativ kann man auch ein feuchtes Tuch plus große Plastiktüte verwenden.

Sonnenblumenkerne, Kürbiskerne, ganze oder gehackte Mandeln oder Nüsse, also alle Zutaten, die den Teig nicht substanziell verändern, können jederzeit nach Belieben hinzugefügt werden. Ebenso natürlich Gewürze aller Art, klassische Brotgewürze sind z.B. Anis, Fenchel, Koriander und Kümmel.

Durch Hinzufügen von etwas Sesam- oder Sonnenblumenöl wird die Krume des Brotes beim Backen gefestigt, es kann dann schon direkt nach dem Erkalten angeschnitten werden.

Beim Pfannenbacken wird auch ein grob geschrotetes Korn so weich gegart, daß selbst Gebißträger und kleine Kinder keine Probleme beim Kauen haben. Da ein solcher Teig zudem einfacher zuzubereiten ist, findet man viele Rezeptbeispiele mit grobgeschrotetem Korn. Falls man bei diesen Rezepten das Korn lieber feingeschrotet haben möchte, sollte man etwas weniger Flüssigkeit verwenden.

Eingeweichte ganze Getreidekörner sollte man niemals in einem Brot verbacken! Es ist in meinen Augen eine fürchterliche Unsitte, eingeweichte Körner in einem Brot zu verbacken, nur weil es ein Vollkornbrot ist. Die Körner werden niemals gar und sind vom menschlichen Organismus total schwierig zu verdauen.

Langsameres Backen erhöht die Qualität des Brotes.

Natürlich kann der Deckel jederzeit mal angehoben werden.

Das Umdrehen und Herausnehmen der Brote ist sehr einfach. Schon beim Glattstreichen des Teiges denke ich an das Umdrehen und wölbe den Teig etwas vom Rand weg, damit ich ihn nachher beim Umdrehen nicht so in die Form pressen muß. Ist das Brot von unten gebacken (siehe Backtemperatur und Backzeiten), schüttel ich es leicht in der Pfanne, damit es überall vollständig gelöst ist, dann lege ich ein Brettchen darüber und kippe das Brot auf das Brettchen. Dann kippe ich das Brot andersherum auf ein anderes Brettchen oder auch ein Kuchengitter, stülpe die Pfanne darüber und kippe es wiederum. Ist das Brot dann auch von der Oberseite richtig gebacken, wird es wieder leicht geschüttelt, dann lege das Kuchengitter darüber und kippe das Brot darauf.

Das Aufbewahren von Pfannenbroten

Pfannenbrote bleiben natürlich deutlich länger frisch als Brote aus dem Backofen. So richtet gut schmecken sie nach 2 Tagen, je nachdem wie man sie aufbewahren kann, bleiben sie bis zu 14 Tage gut. Es ist sehr abhängig vom Raumklima! Wenn sie einfach offen gelagert werden, merkt man natürlich schon nach 2-3 Tagen, daß sie trockener werden. In den Achtzigerjahren habe ich in einem Haus aus Stein und Beton gewohnt und hatte einen einfachen Brotkasten aus Holz mit einem Tuch darin, problemlos konnte ich die Brote bis zu 14 Tagen aufheben. Jetzt wohne ich wieder in einem Steinhaus und habe einen Brottopf aus Zirbelkiefer, daß ist auch fein. Schwieriger ist es in einem Fachwerkhaus (feuchtes Raumklima). Da habe ich es in Gefrierbeuteln aufbewahrt. Die ersten 4 Tage sind problemlos, dann sollte man das Brot immer mal für einen halben Tag offen stehenlassen, sonst droht Schimmel. Im Gefrierbeutel im Kühlschrank ist auch eine gute Art.

Auf keinen Fall im Keramik-Brottopf!! Die Brote sind zu feucht dafür und fangen relativ schnell an zu schimmeln, und das kriegt man aus dem Tontopf nie wieder raus.

Herzhafte Hefebrote

Hefe ist der absolute „Schnellgärer", sie wird deshalb gerne und häufig zum Brot- und Kuchenbacken verwendet. Auch beim Pfannenbacken ist ein Hefeteig außerordentlich vielseitig zuzubereiten. Beim Hefeteig merkt man den Unterschied zwischen den verschiedenen Backverfahren deutlich, und man muß beim Pfannenbacken mit dem Teig anders umgehen als beim Backen im Ofen.

Die Hefe verbindet sich beim Vermengen mit der Flüssigkeit und dem Mehl zu einer zähen Masse. Dabei entstehen Gase, und das Ganze wird schichtenartig in die Höhe getrieben. Beim Backen wird die Flüssigkeitsaufnahme des Mehles aktiviert: Ist nun nicht genügend Flüssigkeit für Mehl und Hefe vorhanden (Dies ist bei einem normal gekneteten Hefeteig der Fall, man denke nur an den typischen Bäckereigeruch, das sind alles ungebundene Hefegase.) so findet eine übermäßige Gasbildung statt. Beim Backen im Ofen, wo die Hitze von allen Seiten kommt, werden die Gase in die Mitte des Teiges getrieben. Der Teig wird dadurch in die Höhe gepreßt, und man erhält die für Hefebrote und -brötchen so typischen großen Poren. Beim Backen eines „normalen" Hefeteiges in der Pfanne dagegen werden die Gase in die Höhe getrieben und sammeln sich unter der obersten Teigschicht (Diese hat genügend Flüssigkeit durch die feuchte Luft von oben.), die dann stark aufgeht und somit nicht richtig mit dem restlichen Teig verbunden ist.

Noch verstärkt wird dieser Effekt beim Kuchenbacken durch die Verwendung von Butter und Eiern: Die Butter aktiviert die Flüssigkeitsaufnahme des Getreides, somit löst sich die Verbindung von Mehl und Hefe schneller. Zudem fördert sie das Verdampfen der Flüssigkeit, wodurch der Teig noch lockerer wird. Die Eier dagegen binden auch etwas Flüssigkeit, somit bleibt noch weniger für Mehl und Hefe übrig und die Backwaren werden noch trockener.

Ein Hefeteig sollte deshalb relativ feucht hergestellt werden. Solche Teige sind oft im Backofen schon nicht mehr zu backen, da sie zu weich und kraftlos sind. Beim Pfannenbacken ergeben sich jedoch gerade dadurch bisher ungeahnte Möglichkeiten:

Ein Kneten des Teiges wird überflüssig, es reicht, wenn die Zutaten gut miteinander verbunden sind.

Man kann sowohl auf die Herstellung eines Vorteiges als auch auf das erste Gehenlassen verzichten. Nach dem Vermengen der Zutaten füllt man den Teig gleich in die Pfanne, läßt ihn 40-60 Minuten gehen und kann ihn dann schon backen. In dieser Zeit hat der Teig sich etwas gehoben, beim Backen entfaltet er sich dann richtig.

Die Hefe wird zum Bindeglied. Man muß deshalb nicht immer auf Weizenmehl mit seinem Klebereiweiß zurückgreifen, sondern man kann Hefebrote und -kuchen auch mit anderen Getreidearten herstellen (siehe auch Hefebrötchen und Hefeküchlein).

Während ich früher unbedingt frische Hefe haben wollte, verwende ich heute ausschließlich biologische Trockenhefe. Mir ist zu oft die Hefe im Kühlschrank schlecht geworden, obendrein ist der Umgang mit Trockenhefe absolut einfach. Laut diversen Internetrecherchen entsprechen 7 g Trockenhefe 20 g frischer Hefe, was normalerweise die benötigte Menge für 500 g Mehl sein soll. Dieses entspricht auch den Angaben in meinen alten Hefebrotrezepten. Ich habe es lange nicht mehr abgemessen, aber ich glaube, ich nehme inzwischen weniger. Ihr müßt es einfach selber ausprobieren.

Wichtig: Hefe muß immer zuerst mit Mehl und Flüssigkeit verbunden werden, bevor sie mit Fett in Berührung kommt.

Das Hinzufügen von etwas Honig fördert die Hefegärung, man kann aber durchaus auch darauf verzichten.

Da die Teige immer nur kurze Zeit gären, mahle ich bei Hefebroten das Mehl meistens fein.

Einfaches Weizen- oder Dinkelbrot

Zutaten für 24cm Hochrandpfanne:

550 g Weizen- oder Dinkelmehl, 1½-2 Teel. Salz, je nach Wunsch 1 Teel. Honig, 25 g frische Hefe, 385-425 g handwarmes Wasser oder auch handwarme Milch und 1½-2 Eßl. Sesam- oder Sonnenblumenöl

Das Mehl in eine Schüssel geben und eine Mulde bilden. Das Salz, den Honig, die Hefe und die Flüssigkeit in die Mulde geben und mit etwas Mehl verrühren, bis die Hefe sich aufgelöst hat. Dann das Öl dazugeben und alle Zutaten gut miteinander vermengen. Den Teig in die Pfanne füllen, mit einem Teigschaber glattstreichen und den Rand nach innen wölben. Den Pfannendeckel darauftun und an einem warmen Ort etwa 40 Minuten gehen lassen: Der Teig muß sich zwar gut gehoben haben, er braucht jedoch nicht um das Doppelte aufgegangen zu sein.

Das Brot bei mittlerer Temperatur auf der Herdplatte backen, bis man sieht, daß es durchgegart ist (40-45 Min.), dann vorsichtig umdrehen und auch von der Oberseite mit geschlossenem Deckel in etwa 15-18 Min. leicht bräunen.

Weizen- oder Dinkelschrotbrot mit Quark

Zutaten für 24cm Hochrandpfanne:

550 g Weizen oder Dinkel (mittelgrob geschrotet), 1½-2 Teel. Salz, je nach Wunsch 1 Teel. Honig, 25 g frische Hefe, 260-290 g handwarmes Wasser, 250 g zimmerwarmer Magerquark und 1½ Eßl. Sesam- oder Sonnenblumenöl

Durch den Quark ist der Teig deutlich gebundener, deshalb habe ich bei diesem Hefebrot das Getreide ausnahmsweise etwas grober gemahlen. Das Vermengen des Teiges ist durch den Quark etwas mühsamer.

Das Mehl in eine Schüssel geben und eine Mulde bilden. Das Salz, den Honig, die Hefe und das Wasser in die Mulde geben und mit etwas Mehl verrühren, bis die Hefe sich aufgelöst hat. Den Quark und das Öl dazugeben und alle Zutaten gut miteinander vermengen. Den Teig in die Pfanne füllen, mit einem Teigschaber glattstreichen und den Rand nach innen wölben. Den Pfannendeckel darauftun und an einem warmen Ort etwa 40 Minuten gehen lassen: Der Teig muß sich zwar gut gehoben haben, er braucht jedoch nicht um das Doppelte aufgegangen zu sein.

Das Brot bei mittlerer Temperatur auf der Herdplatte backen, bis man sieht, daß es durchgegart ist (etwa 45 Min.), dann vorsichtig umdrehen und auch von der

Oberseite mit geschlossenem Deckel in etwa 15-18 Min. leicht bräunen.

Roggen-Weizen-Buttermilchbrot

Zutaten für 24cm Hochrandpfanne:

300 g Roggenmehl, 300 g Weizen- oder Dinkelmehl, etwa 2 Teel. Salz, je nach Wunsch 1 Teel. Honig, 30 g frische Hefe, 500-550 g zimmerwarmer Buttermilch, je nach Wunsch 60-80 g Sonnenblumenkerne und 2 Eßl. Sonnenblumenöl

Bei Verwendung von Buttermilch nehme ich durchaus auch bei einem Hefeteig mal etwas Roggenmehl, normalerweise lasse ich ja Roggen lieber etwas länger gären. Da die Buttermilch sich erst beim Backen richtig verflüssigt, ist dieser Teig etwas schwerer zu vermengen.

Das Mehl in eine Schüssel geben und eine Mulde bilden. Das Salz, den Honig, die Hefe und die Buttermilch in die Mulde geben und mit etwas Mehl verrühren, bis die Hefe sich aufgelöst hat. Dann die Sonnenblumenkerne und das Öl dazugeben und alle Zutaten gut miteinander vermengen. Den Teig in die Pfanne füllen, mit einem Teigschaber glattstreichen und den Rand nach innen wölben. Den Pfannendeckel darauftun und an einem warmen Ort etwa 60 Minuten gehen lassen: Der Teig muß sich zwar gut gehoben haben, er braucht jedoch nicht um das Doppelte aufgegangen zu sein.

Das Brot bei mittlerer Temperatur auf der Herdplatte backen, bis man sieht, daß es durchgegart ist (50 Min.), dann vorsichtig umdrehen und auch von der Oberseite mit geschlossenem Deckel in etwa 18 Min. leicht bräunen.

Weizen-Buchweizenbrot mit Buttermilch

Zutaten für 24cm Hochrandpfanne.

450 g Weizen- oder Dinkelmehl, 100 g Buchweizenmehl, 1½-2 Teel. Salz, 1-2 Teel. Honig, 25 g frische Hefe, 430-470 g zimmerwarme Buttermilch, nach Wunsch 60-70 g Sonnenblumenkerne und 2 Eßl. Sonnenblumenöl

Durch die Verwendung von Buchweizenmehl ist dieses Brot stärker gebunden und bleibt somit länger frisch als ein reines Weizenbrot.

Das Mehl in eine Schüssel geben und eine Mulde bilden. Das Salz, den Honig, die Hefe und die Buttermilch in die Mulde geben und mit etwas Mehl verrühren, bis die Hefe sich aufgelöst hat. Dann die Sonnenblumenkerne und das Öl dazugeben und alle Zutaten gut miteinander vermengen. Den Teig in die Pfanne füllen, mit einem Teigschaber glattstreichen und den Rand nach innen wölben. Den Pfannendeckel darauftun und an einem warmen Ort etwa 40 Minuten gehen lassen: Der Teig muß sich zwar gut gehoben haben, er braucht jedoch nicht um das Doppelte aufgegangen zu sein.

Das Brot bei mittlerer Temperatur auf der Herdplatte backen, bis man sieht, daß es durchgegart ist (40-45 Min.), dann vorsichtig umdrehen und auch von der Oberseite mit geschlossenem Deckel in etwa 15-18 Min. leicht bräunen.

Leichtes Gerstenbrot

Zutaten für 24cm Hochrandpfanne:

300 g Gerstenmehl, 300 g Weizen- oder Dinkelmehl, etwa 2 Teel. Salz, je nach Wunsch 1 Teel. Honig, 30 g frische

Hefe, 260-290 g handwarmes Wasser, 250 g zimmerwarmer Joghurt und 2 Eßl. Sesam- oder Sonnenblumenöl

Das Gerstenmehl in einer trockenen Pfanne bei schwacher
Hitze leicht bräunen, dann in eine Schüssel füllen und
etwas abkühlen lassen. Das Gerstenmehl wird dann etwas
weicher und verbindet sich besser mit den anderen
Zutaten. Das Brot ist dann auch etwas schmackhafter.
Das restliche Mehl dazugeben und eine Mulde bilden. Das
Salz, den Honig, die Hefe und das Wasser in die Mulde
geben und mit etwas Mehl verrühren, bis die Hefe sich
aufgelöst hat. Dann das Joghurt und das Öl dazugeben
und alle Zutaten gut miteinander vermengen. Den Teig in
die Pfanne füllen, mit einem Teigschaber glattstreichen
und den Rand nach innen wölben. Den Pfannendeckel
darauftun und an einem warmen Ort etwa 50 Minuten
gehen lassen: Der Teig muß sich zwar gut gehoben haben,
er braucht jedoch nicht um das Doppelte aufgegangen zu
sein.

Das Brot bei mittlerer Temperatur auf der Herdplatte
backen, bis man sieht, daß es durchgegart ist (50 Min.),
dann vorsichtig umdrehen und auch von der Oberseite mit
geschlossenem Deckel in etwa 15-18 Min. leicht bräunen.

Dreikornbrot

Zutaten für 24cm Hochrandpfanne:

200 g Gerste, 60 g Sesam, 200 g Weizen- oder Dinkelmehl, 300 g Roggenmehl, 2-2½ Teel. Salz, 1 Teel. Honig, 30-35 g frische Hefe, 520-560 g handwarmes Wasser und 2-2½ Eßl. Sesamöl

Zusammen mit Getreide kann man Sesam in einer Getreidemühle feinmahlen, alleine nicht, da zu ölhaltig. Alleine müßte man den Sesam sonst in einer Kaffeemühle mahlen. Durch den relativ hohen Anteil an feinem Roggenmehl ist dieser Teig etwas zäher zu vermengen.

Die Gerste mit den Sesamsamen feinmahlen, dann in einer trockenen Pfanne bei schwacher Hitze leicht bräunen und etwas abkühlen lassen. Dann das restliche Mehl hinzufügen und eine Mulde bilden. Das Salz, den Honig, die Hefe und das Wasser in die Mulde geben und mit etwas Mehl verrühren, bis die Hefe sich aufgelöst hat. Das Öl dazugeben und alle Zutaten gut miteinander vermengen. Den Teig in die Pfanne füllen, mit einem Teigschaber glattstreichen und den Rand nach innen wölben. Den Pfannendeckel darauftun und an einem warmen Ort etwa 60 Minuten gehen lassen: Der Teig muß sich zwar gut gehoben haben, er braucht jedoch nicht um das Doppelte aufgegangen zu sein.

Das Brot bei mittlerer Temperatur auf der Herdplatte backen, bis man sieht, daß es durchgegart ist (50 Min.), dann vorsichtig umdrehen und auch von der Oberseite mit geschlossenem Deckel in etwa 18 Min. leicht bräunen.

Haferbrot mit Trockenfrüchten

Zutaten für 24cm Hochrandpfanne:

170 g Nackthafer, ½ Teel. Anissamen, 340 g Weizen oder Dinkel, etwa 270 g Trockenfrüchte (z.b. Äpfel, Aprikosen, Birnen und Pflaumen), 350 g handwarmes Wasser, 100 g Walnüsse, 25 g frische Hefe, 1 Eßl. Honig, 1 Teel. Salz, 50-80 g handwarmes Wasser, ¼ Teel. Zimtpulver und 1 Eßl. Sesam- oder Sonnenblumenöl

Den Hafer mit dem Anis in einer trockenen Pfanne bei kleiner Hitze rösten, bis er würzig duftet, abkühlen lassen und mit dem Weizen feinmahlen. Inzwischen die Früchte kleinschneiden und etwa 15 Minuten in 350 g Wasser einweichen. Die Walnüsse kleinhacken. Die Hefe mit Honig und Salz in dem restlichen Wasser auflösen, dann mit dem Mehl zu den Früchten geben und leicht verrühren. Zimt, Walnüsse und Öl dazugeben und alles zu einem glatten Teig vermengen. Den Teig in die Pfanne füllen, mit einem Teigschaber glattstreichen und den Rand nach innen wölben. Den Pfannendeckel darauftun und an einem warmen Ort etwa 60 Minuten gehen lassen: Der Teig muß sich zwar gut gehoben haben, er braucht jedoch nicht um das Doppelte aufgegangen zu sein.

Das Brot bei mittlerer Temperatur auf der Herdplatte backen, bis man sieht, daß es durchgegart ist (50 Min.), dann vorsichtig umdrehen und auch von der Oberseite mit geschlossenem Deckel in etwa 18 Min. leicht bräunen.

Hefe-Sauerteigbrot

Zutaten für 24cm Hochrandpfanne:

Vorteig: 370 g Roggen (mittelfein geschrotet), 1 Teel. Salz, 1 Teel. Honig, 150 g Sauerteigansatz (siehe „Der Sauerteigansatz"), 30-40 g frische Hefe, 250 g Joghurt und 290-330 g handwarmes Wasser

Haupteig: 330 g Roggen (mittelfein geschrotet), 1 Teel. Salz, Gewürze nach Wahl und 2 Eßl. Sesam- oder Sonnenblumenöl

Reine Roggenbrote sollte man nicht nur mit Hefe herstellen. Durch die Verwendung von Hefe und Sauerteig wird eine relativ schnelle Gärung erreicht, wodurch einerseits der Roggen seine Geschmacksstoffe besser entfalten kann, aber andererseits die Gärzeit doch deutlich kürzer ist als bei reinen Sauerteigbroten.

Die Zutaten für den Vorteig in eine Schüssel geben, gut miteinander verrühren, dann mit einem Silikondeckel bedecken und an einem warmen Ort 1-2 Stunden gehen lassen.

Dann die Zutaten für den Hauptteig dazugeben und alles gut vermengen. Den Teig in die Pfanne füllen, mit einem Teigschaber glattstreichen und den Rand nach innen wölben. Den Pfannendeckel darauftun und an einem warmen Ort 1-2 Stunden gehen lassen: Der Teig muß sich zwar gut gehoben haben, er braucht jedoch nicht um das Doppelte aufgegangen zu sein.

Das Brot bei mittlerer Temperatur auf der Herdplatte backen, bis man sieht, daß es durchgegart ist (50 Min.), dann vorsichtig umdrehen und auch von der Oberseite mit geschlossenem Deckel in etwa 18 Min. leicht bräunen.

Langsam gereifte Sauerteigbrote

Sauerteigbrote sind vielseitig zu variieren. Je nach Appetit mache ich das Brot kräftiger oder leichter, einfach oder üppig, mahle ich das Korn grob oder fein, verwende ich nur Roggen oder aber auch zu einem Teil Weizen, Dinkel, Hafer, Gerste oder anderes Mehl, nehme ich mal nur Wasser, mal Milchprodukte.

Bei Verwendung des von mir angegebenen Sauerteig-ansatzes (siehe unten) ist eine Gärzeit von 8-12 Stunden (je nach Witterung) ideal. Will man den Teig länger reifen lassen, sollte man etwas weniger Ansatz verwenden. Da der Ansatz zu 5 Teilen aus Wasser und nur zu 3 Teilen aus Roggenschrot besteht, ist der Unterschied im Flüssig-keitsgehalt bei der Zubereitung des Vorteiges auszu-gleichen. Entsprechendes gilt bei der Verwendung eines anders zubereiteten Grundansatzes.

Soll der Vorteig mal schneller gären, so darf man natür-lich auch etwas Hefe verwenden, 5 g frische Hefe oder 1-2 g Trockenhefe reichen und man kann den Hauptteig schon nach 6 Stunden zubereiten. Auch wenn man den Vorteig mit Weizen oder Dinkel startet statt mit Roggen, gärt er deutlich schneller.

Durch Hinzufügen von etwas Honig wird einerseits die Gärung etwas beschleunigt, andererseits die Säuerung leicht gemildert, zwingend nötig ist er nicht.

Beim Pfannenbacken wird auch ein ganz grob geschrotetes Korn sehr weich gegart. Da ein solcher Teig zudem viel einfacher vermengt ist, findet ihr hier viele Rezeptbeispiele mit grobgeschrotetem Korn. Falls ihr das Korn lieber feingemahlen haben wollt, solltet ihr etwas weniger Flüssigkeit (bis 30 g) verwenden.

Gesäuerte Milchprodukte verfeinern den Geschmack eines Brotes und fördern das Aufgehen des Teiges. Deshalb kann man mit Ihnen auch reine Roggenbrote herstellen, die sehr mild und leicht verdaulich sind. Allerdings ist ein Teig mit Milchprodukten (vor allem mit Quark) etwas schwerer zu vermengen als ein reiner Wasserteig.

Gerade bei Sauerteigbroten erhöht langsameres Backen die Qualität des Brotes.

Der Sauerteigansatz

Um ein Sauerteigbrot herstellen zu können, benötigt man einen gut gegorenen (sauren) Ansatz, mit dem man die Gärung des Brotteiges aktiviert.

Zutaten für einen Sauerteigansatz:

75g Roggen (feingeschrotet), 1 Teel. Honig, 125 g handwarmes Wasser, eventuell 5 g frische Hefe oder 1 g Trockenhefe

Den Roggenschrot mit dem Honig und dem Wasser verrühren, mit einem Silikondeckel bedecken und an einem warmen Ort (ideal sind 25-30 Grad) gären lassen. Nach Belieben kann dieser Ansatz alle 24 Stunden einmal durchgerührt werden. Nach etwa 3 Tagen (bei sehr ungünstigen Bedingungen dauert es manchmal auch 4-5 Tage) ist der Ansatz gut gegoren: Es müssen dann viele Gärbläschen sichtbar sein und er muß sauer riechen! Während dieses Gärprozesses verändert das Roggen-Wassergemisch seine Farbe, es wird gräulich, man sollte deshalb nicht meinen, der Ansatz wäre schlecht geworden.

Wenn der Gärprozess schneller funktionieren soll, kann man Hefe hinzufügen. Dann kann der Ansatz schon nach 1½-2 Tagen weiterverarbeitet werden. Alternativ könnte man das Gären auch durch 1 Eßl. Essig beschleunigen.

Die regelmäßige Sauerteigpflege

Diesen Sauerteigansatz kann man natürlich jedesmal wieder frisch zubereiten. Dies muß man aber nicht, er wird sogar besser, wenn man ihn immer wieder verlängert: Den nicht benötigten Rest vom Ansatz oder auch 1 Eßl. vom aufgegangenen Vorteig mit 3 Teilen feinem Roggenschrot und 5 Teilen Wasser verrühren und an einem warmen Ort gären lassen. Schon ein paar Stunden später hat man einen neuen Ansatz. Will man den Ansatz länger aufheben, was im Kühlschrank bis zu 14 Tagen möglich ist, so fügt man nur etwas feinen Roggenschrot hinzu, damit der Ansatz trockener und der Gärprozess verlangsamt wird, und verlängert ihn erst 8-12 Stunden vor der weiteren Verarbeitung. Sehr gut eignet sich für den Sauerteigansatz ein Tontopf, den man mit einem Silikondeckel oder auch Alufolie bedeckt. Ton nimmt mit der Zeit das Saure in sich auf, wodurch der Gärprozess etwas beschleunigt wird.

So macht man es jedenfalls normalerweise, mir war das allerdings immer zu umständlich. Ich habe immer den einen Eßl. Teig, meistens sogar dann erst vom fertigen Hauptteig, in ein kleines Glas mit Deckel getan, in den Kühlschrank gestellt und direkt damit meinen Vorteig angesetzt (Den Flüssigkeitunterschied habe ich natürlich ausgeglichen.) und ihn dann länger gären lassen. So sollte man es natürlich nur machen, wenn man wirklich regelmäßig (alle 5-6 Tage) bäckt, denn nicht getrocknet kann dieser Eßl. Teig schneller schimmeln.

Einfaches Sauerteig-Schrotbrot

Zutaten für 24cm Hochrandpfanne:

Vorteig: 420 g Roggen (grob geschrotet), je nach Wunsch 1 Teel. Honig, 150 g Sauerteigansatz und 430 g handwarmes Wasser

Hauptteig: 280 g Weizen oder Dinkel (grob geschrotet), 2 Teel. Salz, 2 Eßl. Sesam- oder Sonnenblumenöl und eventuell bis 50 g Wasser

Die Zutaten für den Vorteig in eine Schüssel geben und gut miteinander verrühren. Damit der Teig nicht austrocknet, die Schüssel mit einem Silikondeckel abdecken und bei Zimmertemperatur 8-12 Stunden gären lassen.

Der Teig ist dann aufgequollen, und wenn man die Oberfläche auflockert, sind Gärbläschen sichtbar. Die restlichen Zutaten hinzufügen und gut miteinander vermengen, bei Bedarf noch Wasser hinzufügen. Der Teig ist relativ weich und sollte einfach zu vermengen sein. Den Teig in die Pfanne füllen, mit einem Teigschaber glattstreichen, den Rand nach innen wölben, mit dem Pfannendeckel zudecken und bei Zimmertemperatur 1-2 Stunden aufgehen lassen.

Das Brot bei mittlerer Temperatur auf der Herdplatte backen, bis man sieht, daß es durchgegart ist (50 Min.), dann vorsichtig umdrehen und auch von der Oberseite mit geschlossenem Deckel in etwa 18 Min. leicht bräunen.

Kräftiges Roggenbrot

Zutaten für 24cm Hochrandpfanne:

Vorteig: 420 g Roggen (grob geschrotet), je nach Wunsch 1 Teel. Honig, 150 g Sauerteigansatz und 450 g handwarmes Wasser

Hauptteig: 280 g Roggen (fein geschrotet), 2 Teel. Salz, 2 Eßl. Sesam- oder Sonnenblumenöl, je 1 Teel. gemahlener Koriander und Kümmel und je ½ Teel. gemahlener Anis und Fenchel, eventuell bis 50 g Wasser

Damit dieses Brot nicht zu kompakt wird, sollte das Getreide für den Hauptteig wirklich feingeschrotet werden. Ebenso ist es ratsam dieses Brot langsamer zu backen. Statt der angegeben klassischen Gewürzmischung könnten auch 4-5 Teel. ganzer oder gemahlener Kümmel genommen werden.

Die Zutaten für den Vorteig in eine Schüssel geben und gut miteinander verrühren. Damit der Teig nicht austrocknet, die Schüssel mit einem Silikondeckel abdecken und bei Zimmertemperatur 8-12 Stunden gären lassen.

Der Teig ist dann aufgequollen, und wenn man die Oberfläche auflockert, sind Gärbläschen sichtbar. Die restlichen Zutaten hinzufügen und gut miteinander vermengen, bei Bedarf noch Wasser hinzufügen. Durch die Verwendung von Roggenmehl ist dieser Teig etwas zäher zu vermengen sein. Den Teig in die Pfanne füllen, mit einem Teigschaber glattstreichen, den Rand nach innen wölben, mit dem Pfannendeckel zudecken und bei Zimmertemperatur 1-2 Stunden aufgehen lassen.

Das Brot bei mittlerer Temperatur auf der Herdplatte backen, bis man sieht, daß es durchgegart ist (50 Min.), dann vorsichtig umdrehen und auch von der Oberseite mit geschlossenem Deckel in etwa 18 Min. leicht bräunen.

Sauerteig-Schrotbrot mit Joghurt

Zutaten für 24cm Hochrandpfanne:

Vorteig: 420 g Roggen (grob geschrotet), je nach Wunsch 1 Teel. Honig, 150 g Sauerteigansatz, 150 g zimmerwarmer Joghurt und 320 g handwarmes Wasser

Hauptteig: 280 g Weizen oder Dinkel (grob geschrotet), 2 Teel. Salz, 2 Eßl. Sesam- oder Sonnenblumenöl, eventuell ¼ Teel. Muskatblüte, eventuell bis 50 g Wasser

Die Zutaten für den Vorteig in eine Schüssel geben und gut miteinander verrühren. Damit der Teig nicht austrocknet, die Schüssel mit einem Silikondeckel abdecken und bei Zimmertemperatur 8-12 Stunden gären lassen.

Der Teig ist dann aufgequollen, und wenn man die Oberfläche auflockert, sind Gärbläschen sichtbar. Die restlichen Zutaten hinzufügen und gut miteinander vermengen, bei Bedarf noch Wasser hinzufügen. Den Teig in die Pfanne füllen, mit einem Teigschaber glattstreichen, den Rand nach innen wölben, mit dem Pfannendeckel zudecken und bei Zimmertemperatur 1-2 Stunden aufgehen lassen.

Das Brot bei mittlerer Temperatur auf der Herdplatte backen, bis man sieht, daß es durchgegart ist (50 Min.), dann vorsichtig umdrehen und auch von der Oberseite mit geschlossenem Deckel in etwa 18 Min. leicht bräunen.

Sesambrot mit Joghurt

Zutaten für 24cm Hochrandpfanne:

Vorteig: 400 g Roggen (grob geschrotet), 1 Teel. Honig, 150 g Sauerteigansatz, 150 g zimmerwarmer Joghurt und 330 g handwarmes Wasser

Hauptteig: 100 g Sesam, 300 g Weizen oder Dinkel, 2 Teel. Salz, 2 Eßl. Sesamöl, eventuell bis 40 g Wasser

Die Zutaten für den Vorteig in eine Schüssel geben und gut miteinander verrühren. Damit der Teig nicht austrocknet, die Schüssel mit einem Silikondeckel abdecken und bei Zimmertemperatur 8-12 Stunden gären lassen.

Der Teig ist dann aufgequollen, und wenn man die Oberfläche auflockert, sind Gärbläschen sichtbar. Für den Hauptteig den Sesam in einer trockenen Pfanne bei kleiner Hitze leicht rösten, abkühlen lassen und mit dem Weizen oder Dinkel feinmahlen. Dann mit dem Salz und dem Öl zum Vorteig geben und alles gut miteinander vermengen, bei Bedarf noch Wasser hinzufügen. Den Teig in die Pfanne füllen, mit einem Teigschaber glattstreichen, den Rand nach innen wölben, mit dem Pfannendeckel zudecken und bei Zimmertemperatur 1-2 Stunden aufgehen lassen.

Das Brot bei mittlerer Temperatur auf der Herdplatte backen, bis man sieht, daß es durchgegart ist (50 Min.), dann vorsichtig umdrehen und auch von der Oberseite mit geschlossenem Deckel in etwa 18 Min. leicht bräunen.

Sauerteig-Schrotbrot mit Quark

Zutaten für 24 cm Hochrandpfanne:

Vorteig: 350 g Roggen (grob geschrotet), je nach Wunsch 1 Teel. Honig, 150 g Sauerteigansatz, 250 g zimmerwarmer Magerquark und 300 g handwarmes Wasser

Hauptteig: 300 g Weizen oder Dinkel (grob geschrotet), 1½-2 Teel. Salz, 2 Eßl. Sesam- oder Sonnenblumenöl, eventuell je 1 Teel. gemahlener Koriander und Fenchel, eventuell 30-40 g Wasser

Durch den Quark ist der Teig ziemlich gebunden und deutlich schwerer zu vermengen als andere Teige, beim Backen gibt der Quark langsam Flüssigkeit an das Getreide ab, weshalb es leicht und locker wird.

Die Zutaten für den Vorteig in eine Schüssel geben und gut miteinander verrühren. Damit der Teig nicht austrocknet, die Schüssel mit einem Silikondeckel abdecken und bei Zimmertemperatur 8-12 Stunden gären lassen.

Der Teig ist dann aufgequollen, und wenn man die Oberfläche auflockert, sind Gärbläschen sichtbar. Die restlichen Zutaten hinzufügen und gut miteinander vermengen, bei Bedarf noch Wasser hinzufügen. Den Teig in die Pfanne füllen, mit einem Teigschaber glattstreichen, den Rand nach innen wölben, mit dem Pfannendeckel zudecken und bei Zimmertemperatur 1-2 Stunden aufgehen lassen.

Das Brot bei mittlerer Temperatur auf der Herdplatte backen, bis man sieht, daß es durchgegart ist (50 Min.), dann vorsichtig umdrehen und auch von der Oberseite mit geschlossenem Deckel in etwa 18 Min. leicht bräunen.

Roggenbrot mit gemahlenen Sonnenblumenkernen

Zutaten für 24cm Hochrandpfanne:

Vorteig: 380 g Roggen (fein geschrotet), je nach Wunsch 1 Teel. Honig, 150 g Sauerteigansatz, 125 g zimmerwarmer Magerquark und 400 g handwarmes Wasser

Hauptteig: 70 g Sonnenblumenkerne, 270 g Roggen (fein geschrotet), 1½-2 Teel. Salz, 2 Eßl. Sonnenblumenöl, eventuell 20-30 g Wasser

Durch den Quark ist der Teig ziemlich gebunden und deutlich schwerer zu vermengen als andere Teige, beim Backen gibt der Quark langsam Flüssigkeit an das Getreide ab, weshalb es leicht und locker wird. Wenn man Sonnenblumenkerne feinmahlt, geht der Geschmack mehr in den Teig, will man die Sonnenblumenkerne lieber ganz im Brot haben, kann man etwas weniger Wasser (20 g) nehmen.

Die Zutaten für den Vorteig in eine Schüssel geben und gut miteinander verrühren. Damit der Teig nicht austrocknet, die Schüssel mit einem Silikondeckel abdecken und bei Zimmertemperatur 8-12 Stunden gären lassen.

Der Teig ist dann aufgequollen, und wenn man die Oberfläche auflockert, sind Gärbläschen sichtbar. Die Sonnenblumenkerne in einer Kaffeemühle feinmahlen, mit den anderen Zutaten zum Vorteig geben und alles gut vermengen, bei Bedarf noch Wasser hinzufügen. Den Teig in die Pfanne füllen, mit einem Teigschaber glattstreichen, den Rand nach innen wölben, mit dem Pfannendeckel zudecken und bei Zimmertemperatur 1-2 Stunden aufgehen lassen.

Das Brot bei mittlerer Temperatur auf der Herdplatte backen, bis man sieht, daß es durchgegart ist (50 Min.), dann vorsichtig umdrehen und auch von der Oberseite mit geschlossenem Deckel in etwa 18 Min. leicht bräunen.

Roggenschrot-Buttermilchbrot

Zutaten für 24cm Hochrandpfanne:

Vorteig: 420 g Roggen (grob geschrotet), 1 Eßl. Honig,
150 g Sauerteigansatz und 540 g zimmerwarme
Buttermilch

Hauptteig: 280 g Roggen (grob geschrotet), 2 Teel. Salz,
2 Eßl. Sonnenblumenöl, 100-150 g Sonnenblumenkerne,
eventuell bis 60 g Buttermilch

Durch die Buttermilch erhält dieses Brot einen sehr milden Geschmack und eine warme braune Farbe. Dadurch
würde im ersten Moment wohl niemand vermuten, daß es
ein reines Roggenschrotbrot ist. Es ist eines meiner
Lieblingsbrote, und als zusätzliche Verfeinerung passen
besonders gut Sonnenblumenkerne dazu. Das Vermengen
des Brotes ist durch die Verwendung von Buttermilch
etwas schwieriger, je nach Buttermilch braucht man mal
etwas mehr, mal etwas weniger.

Die Zutaten für den Vorteig in eine Schüssel geben und
gut miteinander verrühren. Damit der Teig nicht austrocknet, die Schüssel mit einem Silikondeckel abdecken und
bei Zimmertemperatur 8-12 Stunden gären lassen.

Der Teig ist dann aufgequollen, und wenn man die Oberfläche auflockert, sind Gärbläschen sichtbar. Die restlichen Zutaten hinzufügen und gut miteinander vermengen,

bei Bedarf noch Wasser hinzufügen. Den Teig in die Pfanne füllen, mit einem Teigschaber glattstreichen, den Rand nach innen wölben, mit dem Pfannendeckel zudecken und bei Zimmertemperatur 1-2 Stunden aufgehen lassen.

Das Brot bei mittlerer Temperatur auf der Herdplatte backen, bis man sieht, daß es durchgegart ist (50 Min.), dann vorsichtig umdrehen und auch von der Oberseite mit geschlossenem Deckel in etwa 18 Min. leicht bräunen.

Roggen-Haferbrot mit Buttermilch

Zutaten für 24 cm Hochrandpfanne:

Vorteig: 400 g Roggen (grob geschrotet), 1 Teel. Honig, 150 g Sauerteigansatz und 500 g zimmerwarme Buttermilch

Hauptteig: 100 g Roggen, 200 g Hafer (zusammen feinschroten), 2 Teel. Salz, 2 Eßl. Sonnenblumenöl, ½ Teel. gemahlener Piment, etwas geriebene Muskatnuß, eventuell bis 50 g Buttermilch

Um das Milde zu betonen, wird der Hafer ungedarrt leicht schrotig gemahlen, er wird dann flockenartig. Dies funktioniert einfacher, wenn man ihn mit dem Roggen vermischt.

Die Zutaten für den Vorteig in eine Schüssel geben und gut miteinander verrühren. Damit der Teig nicht austrocknet, die Schüssel mit einem Silikondeckel abdecken und bei Zimmertemperatur 8-12 Stunden gären lassen.

Der Teig ist dann aufgequollen, und wenn man die Oberfläche auflockert, sind Gärbläschen sichtbar. Die restlichen Zutaten hinzufügen und gut miteinander vermengen, bei Bedarf noch Wasser hinzufügen. Den Teig in die Pfanne füllen, mit einem Teigschaber glattstreichen, den Rand nach innen wölben, mit dem Pfannendeckel zudecken und bei Zimmertemperatur 1-2 Stunden aufgehen lassen.

Das Brot bei mittlerer Temperatur auf der Herdplatte backen, bis man sieht, daß es durchgegart ist (50 Min.), dann vorsichtig umdrehen und auch von der Oberseite mit geschlossenem Deckel in etwa 18 Min. leicht bräunen.

Roggen-Buchweizenbrot mit Kefir

Zutaten für 24cm Hochrandpfanne:

Vorteig: 380 g Roggenmehl, 1 Eßl. Honig, 120 g Sauerteigansatz und 500 g zimmerwarmer Kefir

Hauptteig: 150 g Roggenmehl, 100 g Buchweizenmehl, 1½ Teel. Salz, 1½ Eßl. Sesam- oder Sonnenblumenöl, eventuell bis 50 g Kefir oder 35 g Wasser

Ein Brot mit Buchweizenmehl ist sehr schmackhaft und gut bekömmlich. Der Kefir unterstützt den milden Geschmack und fördert das Aufgehen.

Die Zutaten für den Vorteig in eine Schüssel geben und gut miteinander verrühren. Damit der Teig nicht austrocknet, die Schüssel mit einem Silikondeckel abdecken und bei Zimmertemperatur 8-12 Stunden gären lassen.

Der Teig ist dann aufgequollen, und wenn man die Oberfläche auflockert, sind Gärbläschen sichtbar. Die restlichen Zutaten hinzufügen und gut miteinander vermengen, bei Bedarf noch Wasser hinzufügen. Den Teig in die Pfanne füllen, mit einem Teigschaber glattstreichen, den Rand nach innen wölben, mit dem Pfannendeckel zudecken und bei Zimmertemperatur 1-2 Stunden aufgehen lassen.

Das Brot bei mittlerer Temperatur auf der Herdplatte backen, bis man sieht, daß es durchgegart ist (50 Min.), dann vorsichtig umdrehen und auch von der Oberseite mit geschlossenem Deckel in etwa 18 Min. leicht bräunen.

Roggenbrot mit geriebenen Äpfeln

Zutaten für 24cm Hochrandpfanne:

Vorteig: 200 g feingeriebene Äpfel (vorbereitet gewogen), 400 g Roggen (mittelgrob geschrotet), 1 Eßl. Honig, 150 g Sauerteigansatz und 300 g handwarmes Wasser

Hauptteig: 300 g Roggen (mittelgrob geschrotet), 2 Teel. Salz, 2 Eßl. Sesam- oder Sonnenblumenöl, eventuell bis 50 g Wasser

Geriebene Äpfel fördern durch ihren leichten Säuregehalt den Gärprozess und geben dem Brot eine interessante geschmackliche Note. Je nach Apfelsorte (Sehr nett ist z.B. Cox Orange) ist der Wasseranteil der Früchte etwas unterschiedlich, deshalb kann die benötigte Wassermenge etwas differieren.

Die Zutaten für den Vorteig in eine Schüssel geben und gut miteinander verrühren. Damit der Teig nicht austrocknet, die Schüssel mit einem Silikondeckel abdecken und bei Zimmertemperatur 8-12 Stunden gären lassen.

Der Teig ist dann aufgequollen, und wenn man die Oberfläche auflockert, sind Gärbläschen sichtbar. Die restlichen Zutaten hinzufügen und gut miteinander vermengen, bei Bedarf noch Wasser hinzufügen. Den Teig in die Pfanne füllen, mit einem Teigschaber glattstreichen, den Rand nach innen wölben, mit dem Pfannendeckel zudecken und bei Zimmertemperatur 1-2 Stunden aufgehen lassen.

Das Brot bei mittlerer Temperatur auf der Herdplatte backen, bis man sieht, daß es durchgegart ist (50 Min.), dann vorsichtig umdrehen und auch von der Oberseite mit geschlossenem Deckel in etwa 18 Min. leicht bräunen.

Nußbrot mit Sahnequark

Zutaten für 24cm Hochrandpfanne:

Vorteig: 350 g Roggenmehl, 50 g Honig, 120 g Sauerteigansatz, 200 g zimmerwarmer Sahnequark und 280 g handwarmes Wasser

Hauptteig: 220 g Weizen- oder Dinkelmehl, knapp 1½ Teel. Salz, je ½ Teel. gemahlener Anis und Koriander,

¼ Teel. gemahlener Ingwer, 1½ Eßl. Sesam- oder Sonnenblumenöl und 100 g ganze Hasenüsse, eventuell bis 35 g Wasser

Durch die Verwendung von viel Honig und Sahnequark wird dieses Brot sehr leicht und außerordentlich schmackhaft.

Die Zutaten für den Vorteig in eine Schüssel geben und gut miteinander verrühren. Damit der Teig nicht austrocknet, die Schüssel mit einem Silikondeckel abdecken und bei Zimmertemperatur 8-12 Stunden gären lassen.

Der Teig ist dann aufgequollen, und wenn man die Oberfläche auflockert, sind Gärbläschen sichtbar. Die restlichen Zutaten hinzufügen und gut miteinander vermengen, bei Bedarf noch Wasser hinzufügen. Den Teig in die Pfanne füllen, mit einem Teigschaber glattstreichen, den Rand nach innen wölben, mit dem Pfannendeckel zudecken und bei Zimmertemperatur 1-2 Stunden aufgehen lassen.

Das Brot bei mittlerer Temperatur auf der Herdplatte backen, bis man sieht, daß es durchgegart ist (50 Min.), dann vorsichtig umdrehen und auch von der Oberseite mit geschlossenem Deckel in etwa 18 Min. leicht bräunen.

Feigenbrot

Zutaten für 24cm Hochrandpfanne:

Vorteig: etwa 360 g getrocknete ungeschwefelte Feigen, 280 g Roggenmehl, 50 g Honig, 90 g Sauerteigansatz und 380 handwarmes Wasser

Hauptteig: 170 g Roggenmehl, 1 Teel. Salz, ½ Teel. gemahlener Anis, 1½ Eßl. Sesam- oder Sonnenblumenöl, 100 g ganze Haselnüsse, eventuell 30-50 g Wasser

Damit die Feigen etwas weicher werden und ihren Geschmack gut im Brot verteilen, werden sie kleinge-schnitten an den Vorteig gegeben. Je nach Alter und Sorte der Feigen differiert die Wassermenge minimal.

Die Zutaten für den Vorteig in eine Schüssel geben und gut miteinander verrühren. Damit der Teig nicht austrock-net, die Schüssel mit einem Silikondeckel abdecken und bei Zimmertemperatur 8-12 Stunden gären lassen.

Der Teig ist dann aufgequollen, und wenn man die Ober-fläche auflockert, sind Gärbläschen sichtbar. Die restli-chen Zutaten hinzufügen und gut miteinander vermengen, bei Bedarf noch Wasser hinzufügen. Den Teig in die Pfan-ne füllen, mit einem Teigschaber glattstreichen, den Rand nach innen wölben, mit dem Pfannendeckel zudecken und bei Zimmertemperatur 1-2 Stunden aufgehen lassen.

Das Brot bei mittlerer Temperatur auf der Herdplatte backen, bis man sieht, daß es durchgegart ist (50 Min.), dann vorsichtig umdrehen und auch von der Oberseite mit geschlossenem Deckel in etwa 18 Min. leicht bräunen.

Feines Roggen-Rosinenbrot

Zutaten für 24cm Hochrandpfanne:

Vorteig: 250 g Roggenmehl, 70 g Honig, 90 g Sauerteigansatz, 135 g saure Sahne und 230 g handwarmes Wasser

Hauptteig: 200 g Roggenmehl, 45 g geschmolzene Butter, 1 Teel. Salz, je ½ Teel. Zimtpulver und gemahlener Ingwer, ¼ Teel. gemahlener Anis, 120 g ungeschwefelte Rosinen oder Sultaninen, eventuell 20 g Wasser

Die Zutaten für den Vorteig in eine Schüssel geben und gut miteinander verrühren. Damit der Teig nicht austrocknet, die Schüssel mit einem Silikondeckel abdecken und bei Zimmertemperatur 8-12 Stunden gären lassen.

Der Teig ist dann aufgequollen, und wenn man die Oberfläche auflockert, sind Gärbläschen sichtbar. Die restlichen Zutaten hinzufügen und gut miteinander vermengen, bei Bedarf noch Wasser hinzufügen. Den Teig in die Pfanne füllen, mit einem Teigschaber glattstreichen, den Rand nach innen wölben, mit dem Pfannendeckel zudecken und bei Zimmertemperatur 1-2 Stunden aufgehen lassen.

Das Brot bei mittlerer Temperatur auf der Herdplatte backen, bis man sieht, daß es durchgegart ist (45-50 Min.), dann vorsichtig umdrehen und auch von der Oberseite mit geschlossenem Deckel in etwa 18 Min. leicht bräunen.

Honig-Salz-Brot

Eine gute Alternative, wenn Hefe ausverkauft ist, vor allem die Variante mit Essig!

Ein Honig-Salz-Brot ist außerordentlich wohlschmeckend, von kräftigem Geschmack und besonders bekömmlich. Dies liegt an dem langen und natürlichen Gärprozess, und wenn man sich bei diesem Brot die Zeit nimmt, es langsamer zu backen, schmeckt es noch ein bißchen besser. Da bei diesem Brot der Gärprozess lediglich durch das Hinzufügen von Honig und Salz beschleunigt wird, benötigt der Teig während seines langsamen Reifeprozesses einen gleichbleibend warmen Ort: ideal sind 25-30°. Steht der Teig zu kühl, entwickeln sich keine Hefe- und Säurebakterien. Förderlich für den Gärprozess ist es auch, das Getreide möglichst frisch zu mahlen. Sollte sich der Teig wirklich einmal nicht entfalten, so ist er durch Hinzufügen von etwas Sauerteigansatz oder oder etwas Hefe durchaus noch zu retten.

Ein Honig-Salz-Brot wird auch im Backofen sehr schonend gebacken. Doch während man dort eine spezielle Form (z.B. Römertopf) benötigt und die Backzeit 4-7 Stunden beträgt, ist das Brot in der Pfanne in 1¼ Stunden (bzw. wenn man ganz langsam bäckt in 2¾ Stunden) fertig gebacken.

Klassisches Honig-Salz-Brot

Zutaten für 24cm Hochrandpfanne:

1. Ansatz: 260 g Roggen, 1-2 Teel. Honig, ½ Teel. Salz und 300-310 g gut handwarmes Wasser

2. Ansatz: 130 g Roggen, 130 g Weizen oder Dinkel, 1-2 Teel. Honig, ½-¾ Teel. Salz und 280 g gut handwarmes Wasser

3. Ansatz: 260 g Weizen oder Dinkel, je 1-2 Teel. Koriander und Kümmel, je ½-1 Teel. Anis und Fenchel, ½-¾ Teel. Salz, eventuell 20-30 g Wasser

Für den 1. Ansatz den Roggen mittelgrob bis grob schroten, die anderen Zutaten dazugeben und gut miteinander verrühren. Damit der Teig nicht austrocknet, die Schüssel mit einem Silikondeckel bedecken und an einem gut warmen Ort 12-18 Stunden gären lassen. Nach dieser Zeit hat sich der Teig etwas gehoben und wenn man die Oberfläche aufreißt, sind leichte Gärbläschen sichtbar.

Für den 2. Ansatz Roggen und Weizen bzw. Dinkel fein bis mittelgrob schroten, mit den anderen Zutaten zum 1 Ansatz geben und alles gut verrühren, mit dem Silikondeckel bedecken und wieder an einem warmen Ort 4-8 Stunden gären lassen. Nach dieser Zeit sollte der Teig sich deutlich gehoben haben.

Für den 3. Ansatz den Weizen bzw. Dinkel mit den Gewürzen feinschroten, mit dem Salz zum Teig geben und alles gut miteinander vermengen, wenn der Teig nicht geschmeidig genug ist, etwas Wasser dazugeben. Den Teig in die Pfanne füllen, mit einem Teigschaber glatt-streichen, den Rand nach innen wölben, mit dem Pfannen-deckel zudecken und bei Zimmertemperatur 1-6 Stunden aufgehen lassen.

Das Brot bei mittlerer Temperatur auf der Herdplatte backen, bis man sieht, daß es durchgegart ist (50 Min.), dann vorsichtig umdrehen und auch von der Oberseite mit geschlossenem Deckel in etwa 18 Min. leicht bräunen.

Dieses Brot sollte 24 Stunden ruhen, bevor man es anschneidet. Will man es schon früher probieren, sollte man beim 3. Ansatz 2 Eßl. Sesam- oder Sonnenblumenöl statt 20-30 g Wasser hinzufügen.

Honig-Salz-Brot mit Essig

Zutaten für 24cm Hochrandpfanne:

1. Ansatz: 220 g Dinkel (mittelgrob bis grob geschrotet), ½ Teel. Honig, ½ Teel. Salz, 1 Eßl. Apfelessig und 280 g gut handwarmes Wasser

2. Ansatz: 220 g Dinkel (mittelgrob bis grob geschrotet), ½ Teel. Honig, ½ Teel. Salz, 1 Eßl. Apfelessig und 220 g gut handwarmes Wasser

3. Ansatz: 260 g Dinkel (grob geschrotet), ½-¾ Teel. Salz, 1-2 Eßl. Sesam- oder Sonnenblumenöl und bis 35 g Wasser

Als jetzt des öfteren die Hefe ausverkauft war, wollte ich es ja wirklich wissen, ob mir nicht auch eine schnellere Honig-Salz-Gärung gelingt. Die Drei-Phasen-Gärung habe ich ja auch aus der Honig-Salz-Gärung entwickelt, aber da nutze ich immer noch eine Messerspitze Trockenhefe, jetzt wollte ich es ganz ohne Hefe. Natürlich habe ich Dinkel und nicht Roggen genommen, da er schneller reagiert, und mir gedacht, durch Apfelessig kommt eine natürliche Säuerung dazu. Und es hat super geklappt, morgens den ersten Ansatz angesetzt und spät abends konnte ich schon backen.

Selbstverständlich kann man für den 3. Ansatz Dinkel durch andere Getreidearten ersetzen, sollte dann aber die etwas unterschiedliche Flüssigkeitsaufnahme beachten.

Die Zutaten für den 1. Ansatz miteinander verrühren, damit der Teig nicht austrocknet, mit einem Silikondeckel bedecken und an einem gut warmen Ort (Ich habe ihn auf die Heizung gestellt!) 5-8 Stunden gehen lassen. Dann sollten ganz leichte Gärbläschen sichtbar sein.

Die Zutaten für den 2. Ansatz dazugeben und alles gut verrühren, mit dem Silikondeckel bedecken und wieder an einem gut warmen Ort 6-8 Stunden gären lassen. Bei meinem Versuch war der Teig dann fast schon sprudelig, es reicht, wenn er deutlich aufgegangen ist und die Gärbläschen deutlich sichtbar sind.

Die restlichen Zutaten hinzufügen und gut miteinander vermengen, den Teig in die Pfanne füllen, mit einem Teigschaber glattstreichen, den Rand nach innen wölben, mit dem Pfannendeckel zudecken und bei Zimmertemperatur 1-12 Stunden aufgehen lassen.

Das Brot bei mittlerer Temperatur auf der Herdplatte backen, bis man sieht, daß es durchgegart ist (45-50 Min.), dann vorsichtig umdrehen und auch von der Oberseite mit geschlossenem Deckel in etwa 18 Min. leicht bräunen.

Die schonende Drei-Phasen-Gärung

Ich esse nicht so gerne Hefebrote. Einerseits möchte ich meinem Körper nicht unbedingt immer Hefe zuführen und andererseits schmecken mir die langsam gereiften Brote einfach besser. Richtige Sauerteigbrote zu backen ist mir allerdings auch lästig geworden. Entweder macht man den Sauerteigansatz immer frisch, dann dauert es ewig. Oder man nimmt immer vom fertig gegangenen Brotteig einen Eßlöffel Teig und hebt ihn auf, dann sollte man aber wirklich regelmäßig Brot backen, was ich nicht unbedingt immer tue. Auch die Honig-Salz-Gärung ist mir eigentlich zu umständlich, da der Teig doch wirklich während der Gärzeit durchgehend warme Temperaturen braucht.

Inzwischen backe ich eigentlich nur noch mit der Drei-Phasen-Gärung. Klingt jetzt erstmal nach mehr Arbeit, ist es aber gar nicht, denn ob ich einen weichen Teig ein-, zwei- oder dreimal vermenge, das spielt nun wirklich keine Rolle, sind es doch schließlich nur Fünfminuten-jobs. Auf der anderen Seite gewinne ich innere Freiheit, denn bei dieser Gärmethode spielt es überhaupt keine Rolle, wenn der Teig mal doppelt solange geht, und wenn es mal schneller gehen soll, so kann ich auch dieses beeinflussen. Funktionieren tut es folgendermaßen: Ein knappes Drittel der Getreidemenge wird mit einer Messerspitze Trockenhefe (Ich habe es mit einer

Caratwaage ausgewogen, es sind je nach Messerspitze zwischen 0,2 und 0,5 Gramm, also einer verschwindend geringen Menge, die wirklich keinem ernährungsmäßig Probleme bereiten sollte.), einem Drittel der Salzmenge und gut handwarmen Wasser zu einem weichen Brei verrührt. Die Wassermenge sollte größer sein als die Getreidemenge (z.B. 250 g Wasser und 200 g Getreide) und bei einem Mischbrot starte ich immer mit dem Getreide, welches am schnellsten reagiert. Die Hefe dient als Starthilfe fürs Gären. Falls ihr den Gärprozess etwas beschleunigen wollt, tupft ihr die Löffelspitze mal kurz in Honig; ich mache dieses, wenn ich den Teig wirklich schon nach 4 Stunden weiterverarbeiten will. Anschließend laßt ihr den Teig bei Zimmertemperatur 4-12 Stunden gehen, man sieht, daß sich leichte Gärbläschen gebildet haben. Dann wird der Teig mit einem Drittel der Getreidemenge, mindestens der gleichen Menge handwarmen Wasser und einem Drittel der Salzmenge (Das Salz dürft ihr wirklich bei keinem Gärvorgang vergessen!) verlängert. Es ist weiterhin ein schöner weicher Brei, damit das Getreide zum Gären optimale Bedingungen hat. Natürlich dürftet ihr nochmal einen Tupfer Honig dazutun und selbstverständlich dürftet ihr, wenn ihr euch unsicher seid, nochmal so eine Messerspitze Trockenhefe verwenden, aber nötig ist dieses im Normalfall nicht. Jetzt laßt ihr den Teig wieder 4-12 Stunden gehen, je nach eurer Tagesplanung, anschließend vermengt ihr den Teig mit den restlichen Zutaten, füllt ihn in die Pfanne und laßt ihn nochmal 1-12 Stunden (je nach Gärung und Zeitplanung) gehen, dann wird das Brot gebacken. Das Brot muß noch nicht völlig aufgegangen sein (Den letzten Kick gibt es ja zur Not beim Backen.), aber man sollte zumindest sehen, das sich der Teig gehoben hat. Seid ihr euch nicht sicher oder wollt ihr den Prozess beschleunigen, dann könnt ihr die Pfanne selbstverständlich kurz für 5 Minuten auf die warme Herdplatte stellen, dann seht ihr, ob der Teig richtig aufgeht.

Nachfolgend sind hier ein paar Rezeptbeispiele, aber ihr könnt natürlich alle Hefe- oder Sauerteigbrote auf diese Weise gären lassen. Ich verwende in den Rezeptbeispielen gerne etwas grober geschrotetes Getreide, selbstverständlich kann man auch feingemahlenes verwenden; eventuell muß man dann etwas weniger Wasser nehmen.

Reines Dinkelbrot

Zutaten für 24cm Hochrandpfanne:

1. Ansatz: 200 g Dinkel (mittelgrob geschrotet), 1/3-2/3 Teel. Salz (je nach Bedarf), 1 Messerspitze Trockenhefe, je nach Wunsch etwas Honig und 250 g gut handwarmes Wasser

2. Ansatz: 250 g Dinkel (mittelgrob bis grob geschrotet), 1/3-2/3 Teel. Salz und 270 g gut handwarmes Wasser

3. Ansatz: 250 g Dinkel (mittelgrob bis grob geschrotet), 1/3-2/3 Teel. Salz, 1-2 Eßl. Sesam- oder Sonnenblumenöl und bis 35 g handwarmes Wasser

Die Zutaten für den ersten Ansatz miteinander verrühren, mit einem Silikondeckel bedecken und 4-12 Stunden bei Zimmertemperatur ruhen lassen. Es sollten dann die ersten Gärbläschen sichtbar sein.

Dann die Zutaten für den zweiten Ansatz hinzufügen, wieder mit dem Silikondeckel bedecken und 4-12 Stunden gehen lassen. Jetzt ist Gärprozess deutlich erkennbar.

Die restlichen Zutaten hinzufügen, den Teig gut vermengen, dann in die Pfanne füllen, mit einem Teigschaber glatt streichen, den äußeren Rand etwas nach innen wölben, den Pfannendeckel darauftun und wieder 1-12 Stunden gehen lassen.

Das Brot bei mittlerer Temperatur auf der Herdplatte backen, bis man sieht, daß es durchgegart ist (45-50

Min.), dann vorsichtig umdrehen und auch von der Oberseite mit geschlossenem Deckel in etwa 15-18 Min. leicht bräunen.

Kamutbrot

Zutaten für 24cm Hochrandpfanne:

1. Ansatz: 200 g Kamut (leicht geschrotet), 1/3-2/3 Teel. Salz (je nach Bedarf), 1 Messerspitze Trockenhefe, je nach Wunsch etwas Honig und 270 g gut handwarmes Wasser

2. Ansatz: 250 g Kamut (mittelgrob geschrotet), 1/3-2/3 Teel. Salz und 300 g gut handwarmes Wasser

3. Ansatz: 250 g Kamut (mittelgrob geschrotet), 1/3-2/3 Teel. Salz, 1-2 Eßl. Sesam- oder Sonnenblumenöl und bis 110 g Wasser

Kamut ist viel körniger als Dinkel, ich schrote ihn deshalb nicht so extra grob, obendrein nimmt er viel mehr Wasser auf.

Die Zutaten für den ersten Ansatz miteinander verrühren, mit einem Silikondeckel bedecken und 4-12 Stunden bei Zimmertemperatur ruhen lassen. Es sollten dann die ersten Gärbläschen sichtbar sein, allerdings sind die Gärbläschen nicht so sichtbar wie bei einem Dinkelteig.

Dann die Zutaten für den zweiten Ansatz hinzufügen, wieder mit dem Silikondeckel bedecken und 4-12 Stunden gehen lassen. Jetzt ist Gärprozess deutlich erkennbar.

Die restlichen Zutaten hinzufügen, den Teig gut vermengen, dann in die Pfanne füllen, mit einem Teigschaber glatt streichen, den äußeren Rand etwas nach innen wölben, den Pfannendeckel darauftun und wieder 1-12 Stunden gehen lassen.

Das Brot bei mittlerer Temperatur auf der Herdplatte backen, bis man sieht, daß es durchgegart ist (50 Min.), dann vorsichtig umdrehen und auch von der Oberseite mit geschlossenem Deckel in etwa 15-18 Min. leicht bräunen.

Dinkel-Roggen-Kamutbrot

Zutaten für 24cm Hochrandpfanne:

1. Ansatz: 200 g Dinkel (mittelgrob bis grob geschrotet), 1/3-2/3 Teel. Salz (je nach Bedarf), 1 Messerspitze Trockenhefe, je nach Wunsch etwas Honig und 250 g gut handwarmes Wasser

2. Ansatz: 250 g Roggen und 50 g Dinkel (grob geschrotet), 1/3-2/3 Teel. Salz und 350 g gut handwarmes Wasser

3. Ansatz: 250 g Kamut (mittelgrob geschrotet), 1/3-2/3 Teel. Salz, 1-2 Eßl. Sesam- oder Sonnenblumenöl und bis 35 g Wasser

Den ersten Ansatz starte ich mit Dinkel, da er am schnellsten reagiert, beim zweiten Ansatz füge ich auf jeden Fall den Roggen dazu, damit er ein bißchen länger gären kann.

Die Zutaten für den ersten Ansatz miteinander verrühren, mit einem Silikondeckel bedecken und 4-12 Stunden bei Zimmertemperatur ruhen lassen. Es sollten dann die ersten Gärbläschen sichtbar sein.

Dann die Zutaten für den zweiten Ansatz hinzufügen, wieder mit dem Silikondeckel bedecken und 4-12 Stunden gehen lassen. Jetzt ist Gärprozess deutlich erkennbar.

Die restlichen Zutaten hinzufügen, den Teig gut vermengen, dann in die Pfanne füllen, mit einem Teigschaber glatt streichen, den äußeren Rand etwas nach innen wölben, den Pfannendeckel darauftun und wieder 1-12 Stunden gehen lassen.

Das Brot bei mittlerer Temperatur auf der Herdplatte backen, bis man sieht, daß es durchgegart ist (50 Min.), dann vorsichtig umdrehen und auch von der Oberseite mit geschlossenem Deckel in etwa 15-18 Min. leicht bräunen.

Dinkel-Amaranth-Brot

Zutaten für 24cm Hochrandpfanne:

1. Ansatz: 200 g Dinkelmehl, 1/3-2/3 Teel. Salz (je nach Bedarf), 1 Messerspitze Trockenhefe, je nach Wunsch etwas Honig und 250 g gut handwarmes Wasser

2. Ansatz: 200 g Dinkelmehl, 1/3-2/3 Teel. Salz und 200 g gut handwarmes Wasser

3. Ansatz: 200 g Amaranthmehl, 30 g Süßlupinenmehl, 1/3-2/3 Teel. Salz, 1-2 Eßl. Sesam- oder Sonnenblumenöl und bis 100 g Wasser

Amaranth hat nicht viel Bindeeiweiß, ein so hoher Amaranthanteil würde das Brot also sehr krümelig machen (normalerweise nimmt man bei 600 g Mehl etwa 80-100 g Amaranthmehl), Süßlupinenmehl dagegen hat einen sehr hohen Eiweißgehalt und insofern starke Bindekräfte.

Die Zutaten für den ersten Ansatz miteinander verrühren, mit einem Silikondeckel bedecken und 4-12 Stunden bei Zimmertemperatur ruhen lassen. Es sollten dann die ersten Gärbläschen sichtbar sein.

Dann die Zutaten für den zweiten Ansatz hinzufügen, wieder mit dem Silikondeckel bedecken und 4-12 Stunden gehen lassen. Jetzt ist Gärprozess deutlich erkennbar.

Die restlichen Zutaten hinzufügen, den Teig gut vermengen, dann in die Pfanne füllen, mit einem Teigschaber glatt streichen, den äußeren Rand etwas nach innen wölben, den Pfannendeckel darauftun und wieder 1-12 Stunden gehen lassen.

Das Brot bei mittlerer Temperatur auf der Herdplatte backen, bis man sieht, daß es durchgegart ist (45-50 Min.), dann vorsichtig umdrehen und auch von der Oberseite mit geschlossenem Deckel in etwa 15-18 Min. leicht bräunen.

Leinsamenbrot

Zutaten für 24cm Hochrandpfanne:

1. Ansatz: 150 g Dinkel, 50 g Leinsamen (zusammen feingemahlen), ½ Teel. Salz, 1 Messerspitze Hefe, je nach Wunsch etwas Honig und 260 g gut handwarmes Wasser

2. Ansatz: 100 g Dinkel, 50 g Leinsamen (zusammen feingemahlen), 110 g Dinkel (mittelgrob geschrotet), ½-¾ Teel. Salz und 300 g gut handwarmes Wasser

3. Ansatz: 250 g Kamut (mittelgrob geschrotet), ½-¾ Teel. Salz, 2 Eßl. Sonnenblumenöl und bis 150 g Wasser

Leinsamen nimmt ganz gut Wasser auf und hat auch bindende Eigenschaften. Er ist nicht nur sehr lecker, sondern er ist auch sehr gut für die Verdauung. Will man dieses Brot nur mit Dinkel- statt beim 3. Ansatz mit Kamutschrot, muß man bis 50 g weniger Wasser nehmen.

Die Zutaten für den ersten Ansatz miteinander verrühren, mit einem Silikondeckel bedecken und 4-12 Stunden bei Zimmertemperatur ruhen lassen. Es sollten dann die ersten Gärbläschen sichtbar sein.

Dann die Zutaten für den zweiten Ansatz hinzufügen, wieder mit dem Silikondeckel bedecken und 4-12 Stunden gehen lassen. Jetzt ist Gärprozess deutlich erkennbar.

Die restlichen Zutaten hinzufügen, den Teig gut vermengen, dann in die Pfanne füllen, mit einem Teigschaber glatt streichen, den äußeren Rand etwas nach innen wölben, den Pfannendeckel darauftun und wieder 1-12 Stunden gehen lassen.

Das Brot bei mittlerer Temperatur auf der Herdplatte backen, bis man sieht, daß es durchgegart ist (45-50 Min.), dann vorsichtig umdrehen und auch von der Oberseite mit geschlossenem Deckel in etwa 15-18 Min. leicht bräunen.

Dinkel-Mohn-Brot

Zutaten für 24cm Hochrandpfanne:

1. Ansatz: 200 g Dinkelmehl, 1/3-2/3 Teel. Salz (je nach Bedarf), 1 Messerspitze Trockenhefe, etwas Honig und 250 g gut handwarmes Wasser

2. Ansatz: 200 g Dinkelmehl, 90 g Mohn, 1/3-2/3 Teel. Salz und 300 g gut handwarmes Wasser

3. Ansatz: 230 g Dinkelmehl, 25-27 g Süßlupinenmehl, 1/3-2/3 Teel. Salz, 1-2 Eßl. Sesam- oder Sonnenblumenöl und bis 50 g Wasser

Den Mohn mahle ich in einer Kaffeemühle, das Aroma geht deshalb in den ganzen Teig und verleiht diesem Brot eine süßlichere Note, was man durch Honig (Menge je nach Geschmack bis zu 2 Eßl.) noch unterstützen kann. Gerne kann man das Ganze noch durch 100 g Rosinen, Sultaninen oder Weinbeeren verfeinern.

Die Zutaten für den ersten Ansatz miteinander verrühren, mit einem Silikondeckel bedecken und 4-12 Stunden bei Zimmertemperatur ruhen lassen. Es sollten dann die ersten Gärbläschen sichtbar sein.

Dann die Zutaten für den zweiten Ansatz hinzufügen, wieder mit dem Silikondeckel bedecken und 4-12 Stunden gehen lassen. Jetzt ist Gärprozess deutlich erkennbar.

Die restlichen Zutaten hinzufügen, den Teig gut vermengen, dann in die Pfanne füllen, mit einem Teigschaber glatt streichen, den äußeren Rand etwas nach innen wölben, den Pfannendeckel darauftun und wieder 1-12 Stunden gehen lassen.

Das Brot bei mittlerer Temperatur auf der Herdplatte backen, bis man sieht, daß es durchgegart ist (45-50 Min.), dann vorsichtig umdrehen und auch von der Oberseite mit geschlossenem Deckel in etwa 15-18 Min. leicht bräunen.

Dinkel-Rote Linsen-Brot

Zutaten für 24cm Hochrandpfanne:

1. Ansatz: 100 g Dinkelmehl, 100 g Rotes Linsenmehl, 1/3-2/3 Teel. Salz (je nach Bedarf), 1 Messerspitze Trockenhefe, je nach Wunsch etwas Honig und 250 g gut handwarmes Wasser

2. Ansatz: 100 g Dinkelmehl, 100 g Rotes Linsenmehl, 1/3-2/3 Teel. Salz und 200 g gut handwarmes Wasser

3. Ansatz: 200 g Dinkelmehl, 70 g Kastanienmehl, 1/3-2/3 Teel. Salz, 1-2 Eßl. Sesam- oder Sonnenblumenöl und bis 50 g Wasser

Dieses Rezept war eigentlich nur ein Experiment, um zu sehen, wie sich das Linsen- und das Kastanienmehl beim Backen verhalten. Das Experiment schmeckte mir dann allerdings so gut, daß ich euch dieses Rezept nicht vorenthalten möchte. Durch die Roten Linsen erhält das Brot eine süßliche, durch das Kastanienmehl eine nussige Note. Die Roten Linsen konnte ich übrigens einfach in meiner Mühle mahlen, es gibt aber auch fertiges Mehl im Handel.

Die Zutaten für den ersten Ansatz miteinander verrühren, mit einem Silikondeckel bedecken und 4-12 Stunden bei Zimmertemperatur ruhen lassen. Es sollten dann die ersten Gärbläschen sichtbar sein.

Dann die Zutaten für den zweiten Ansatz hinzufügen, wieder mit dem Silikondeckel bedecken und 4-12 Stunden gehen lassen. Jetzt ist Gärprozess deutlich erkennbar.

Die restlichen Zutaten hinzufügen, den Teig gut vermengen, dann in die Pfanne füllen, mit einem Teigschaber glatt streichen, den äußeren Rand etwas nach innen wölben, den Pfannendeckel darauftun und wieder 1-12 Stunden gehen lassen.

Das Brot bei mittlerer Temperatur auf der Herdplatte backen, bis man sieht, daß es durchgegart ist (45-50 Min.), dann vorsichtig umdrehen und auch von der Oberseite mit geschlossenem Deckel in etwa 15-18 Min. leicht bräunen.

Dinkelbrot mit Kichererbsenmehl

Zutaten für 24cm Hochrandpfanne:

1. Ansatz: 200 g Dinkelmehl, ½ Teel. Salz, 1 Messerspitze Trockenhefe, je nach Wunsch etwas Honig und 260 g gut handwarmes Wasser

2. Ansatz: 250 g Kichererbsenmehl, ½-¾ Teel. Salz und 340 g gut handwarmes Wasser

3. Ansatz: 150 g Dinkelmehl, 100 g Kichererbsenmehl, ½-¾ Teel. Salz, 2 Eßl. Sesam- oder Sonnenblumenöl und 130-140 g Wasser

Kichererbsenmehl gibt es geröstet und ungeröstet zu kaufen. Da das geröstete Mehl als weitere Zutat etwas Öl hatte, habe ich das ungeröstete gekauft und das Mehl selber in einer trockenen Pfanne bei schwacher Hitze leicht geröstet. Da beim Pfannenbacken mit niedrigeren Temperaturen gebacken wird, ist das Kichererbsenmehl dann bekömmlicher. Kichererbsenmehl nimmt viel Flüssigkeit auf. Beim dritten Ansatz ist das Kichererbsenmehl eventuell besser unterzumengen, wenn man es erst im restlichen Wasser verrührt.

Die Zutaten für den ersten Ansatz miteinander verrühren, mit einem Silikondeckel bedecken und 4-12 Stunden bei Zimmertemperatur ruhen lassen. Es sollten dann die ersten Gärbläschen sichtbar sein.

Dann die Zutaten für den zweiten Ansatz hinzufügen, wieder mit dem Silikondeckel bedecken und 4-12 Stunden gehen lassen. Jetzt ist Gärprozess deutlich erkennbar.

Die restlichen Zutaten hinzufügen, den Teig gut vermengen, dann in die Pfanne füllen, mit einem Teigschaber glatt streichen, den äußeren Rand etwas nach innen wölben, den Pfannendeckel darauftun und wieder 1-12 Stunden gehen lassen.

Das Brot bei mittlerer Temperatur auf der Herdplatte backen, bis man sieht, daß es durchgegart ist (45-50 Min.), dann vorsichtig umdrehen und auch von der Oberseite mit geschlossenem Deckel in etwa 15-18 Min. leicht bräunen.

Glutenfreie Brote

Das Thema „Glutenfreie Brote" ist in den letzten Jahren in unserer Gesellschaft immer wichtiger geworden und so hatte auch ich mich durchaus schon manches Mal mit diesem Thema beschäftigt. Allerdings muß ich gestehen, wenn ich dann die Zutatenlisten mit Xanthan, Johannisbrotkernmehl etc. durchgelesen hatte, war ich erstmal abgeschreckt. Auch vereinzelte Eßproben konnten mich nicht gerade überzeugen. Voriges jahr war ich dann endlich mal wieder bei meiner Schwester in Australien. Auch sie verträgt absolut kein Gluten, weshalb sie immer ein glutenfreies Brot aus Quinoa, Sorghum (Möhrenhirse) und Chiasamen gekauft hatte. Was eventuell sonst noch drin war, weiß ich nicht, es war aber jedenfalls das erste glutenfreie Brot, was auch mir geschmeckt hatte. Das mußte ich ja auch in der Pfanne ausprobieren, und nach ein paar Versuchen gab es ein Brot, was uns beiden sogar noch besser schmeckte.

Das Problem beim glutenfreien Brotbacken liegt an der Wassermenge, die Zutaten brauchen einfach deutlich mehr Wasser als normale Brotzutaten, die Teige sind deshalb außerordentlich weich. In einer Pfanne kann man solche Brote backen, da die Hitze klein ist und nur von unten kommt, in einem Backofen geht dieses nicht!

Das fertige Produkt ist wie Brot, man kann Scheiben schneiden etc., natürlich schmecken sie anders, aber nicht zwangsläufig weniger köstlich. Und wenn ihr bedenkt,

daß ich die Rezepte (abgesehen von dem Quinoa-
Sorghum-Brot) in den letzten drei Wochen gemacht habe,
wo so manche Zutat, die ich gerne ausprobiert hätte,
ausverkauft war, dann könnt ihr euch vorstellen, wie
reichhaltig die Palette sein kann.

Also probiert selber aus, und laßt euch nicht entmundigen.

Ich habe die folgenden Rezepte mit der Drei-Phasen-
Gärung hergestellt, selbstverständlich könntet ihr diese
auch mit entsprechend mehr Trockenhefe als Hefebrote
backen, das bleibt ganz allein euch überlassen.

Quinoa-Sorghum-Brot

Zutaten für 24cm Hochrandpfanne:

1. Ansatz: 220 g rotes Sorghum (feingemahlen), ½-¾
Teel. Salz (je nach Bedarf), 1 Messerspitze Trockenhefe,
je nach Wunsch etwas Honig und 350 g gut handwarmes
Wasser

2. Ansatz: 220 g rotes Quinoa (feingemahlen), 80-85 g
Chiasamen (feingemahlen), ½-¾ Teel. Salz und 500 g gut
handwarmes Wasser

3. Ansatz: 110 g rotes Sorghum, 110 g rotes Quinoa (jeweils feingemahlen), ½-¾ Teel. Salz, 1-2 Eßl. Sesam- oder Sonnenblumenöl und 100 g Wasser

Sorghum, laut meinen Internetrecherchen sagt man in Deutschland Möhrenhirse, ist eine großkörnigere Hirseart. Sie ist etwas nahrhafter als andere Hirsesorten und, ebenfalls laut Internet, eine der weltweit am meisten angebauten Getreidearten. Trotzdem kriegt man sie in Deutschland eigentlich nur als Vogelfutter, was ich außerordentlich schade finde. Wie Quinoa gibt es auch Sorghum in weiß, rot und schwarz, und bei beiden sind die rote und schwarze Variante schmackhafter und gesünder, aber auch seltener und teurer.

Die Mengenangaben gelten für Australien, normalerweise braucht man in Australien immer etwas mehr Wasser als in Deutschland.

Die Chiasamen mahle ich zusammen mit Quinoa in meiner Getreidemühle, gut vermischt geht das problemlos, ansonsten vielleicht in einer Kaffeemühle probieren.

Die Zutaten für den ersten Ansatz miteinander verrühren, mit einem Silikondeckel bedecken und 4-12 Stunden bei Zimmertemperatur ruhen lassen. Es sollten dann die ersten Gärbläschen sichtbar sein.

Dann die Zutaten für den zweiten Ansatz hinzufügen, wieder mit dem Silikondeckel bedecken und 4-12 Stunden gehen lassen. Jetzt ist Gärprozess deutlich erkennbar.

Die restlichen Zutaten hinzufügen, den Teig gut vermengen, dann in die Pfanne füllen, mit einem Teigschaber glatt streichen, den äußeren Rand etwas nach innen wölben, den Pfannendeckel darauftun und wieder 1-12 Stunden gehen lassen.

Das Brot bei mittlerer Temperatur auf der Herdplatte backen, bis man sieht, daß es durchgegart ist (etwa 60 Minuten, da der Teig sehr viel feuchter ist als bei anderen Broten ist die Backzeit etwas länger.), dann vorsichtig umdrehen und auch von der Oberseite mit geschlossenem Deckel in etwa 15-18 Min. leicht bräunen.

Quinoa-Mungbohnen-Braunhirse-Brot

Zutaten für 24cm Hochrandpfanne:

1. Ansatz: 200 g buntes Quinoa, 60 g Chiasamen (zusammen feingemahlen), ½-¾ Teel. Salz (je nach Bedarf), 1 Messerspitze Trockenhefe, je nach Wunsch etwas Honig und 400 g gut handwarmes Wasser

2. Ansatz: 150 g Mungbohnen, 75 g buntes Quinoa (zusammen feingemahlen), ½-¾ Teel. Salz und 280 g gut handwarmes Wasser

3. Ansatz: 150 g Braunhirsemehl, 75 g buntes Quinoa (feingemahlen), ½-¾ Teel. Salz, 1-2 Eßl. Sesam- oder Sonnenblumenöl und 100 g Wasser

Ich bin nicht unbedingt ein Bohnenfan. Mit gemahlenen Mungbohnen hatte ich früher schon mal experimentiert, deshalb habe ich es versucht und war von dem Geschmack angenehm überrascht, ich würde ihn mal mit herb-pikant beschreiben. Vorstellen könnte ich mir auch ein Brot mit Azukibohnen, von allen anderen Sorten werde ich persönlich die Finger weglassen, ich vertrage es einfach nicht.

Die Zutaten für den ersten Ansatz miteinander verrühren, mit einem Silikondeckel bedecken und 4-12 Stunden bei Zimmertemperatur ruhen lassen. Es sollten dann die ersten Gärbläschen sichtbar sein.

Dann die Zutaten für den zweiten Ansatz hinzufügen, wieder mit dem Silikondeckel bedecken und 4-12 Stunden gehen lassen. Jetzt ist Gärprozess deutlich erkennbar.

Die restlichen Zutaten hinzufügen, den Teig gut vermengen, dann in die Pfanne füllen, mit einem Teigschaber glatt streichen, den äußeren Rand etwas nach innen wölben, den Pfannendeckel darauftun und wieder 1-12 Stunden gehen lassen.

Dann das Brot bei mittlerer Temperatur auf der Herdplatte backen, bis man sieht, daß es durchgegart ist (etwa 60 Minuten, da der Teig sehr viel feuchter ist als bei anderen Broten ist die Backzeit etwas länger.), dann vorsichtig umdrehen und auch von der Oberseite mit geschlossenem Deckel in etwa 15-18 Min. leicht bräunen.

Quinoa-Braunhirse-Buchweizen-Brot

Zutaten für 24cm Hochrandpfanne:

1. Ansatz: 200 g buntes Quinoa (feingemahlen), 50 g Kichererbsenmehl, 1/3-2/3 Teel. Salz (je nach Bedarf), 1 Messerspitze Trockenhefe, je nach Wunsch etwas Honig und 320 g gut handwarmes Wasser

2. Ansatz: 200 g Braunhirsemehl, 1/3-2/3 Teel. Salz und 200 g gut handwarmes Wasser

3. Ansatz: 200 g Buchweizen (feingemahlen), 1/3-2/3 Teel. Salz, 1-2 Eßl. Sesam- oder Sonnenblumenöl und 40 g Wasser

Die Zutaten für den ersten Ansatz miteinander verrühren, mit einem Silikondeckel bedecken und 4-12 Stunden bei Zimmertemperatur ruhen lassen. Es sollten dann die ersten Gärbläschen sichtbar sein.

Dann die Zutaten für den zweiten Ansatz hinzufügen, wieder mit dem Silikondeckel bedecken und 4-12 Stunden gehen lassen. Jetzt ist Gärprozess deutlich erkennbar.

Die restlichen Zutaten hinzufügen, den Teig gut vermengen, dann in die Pfanne füllen, mit einem Teigschaber glatt streichen, den äußeren Rand etwas nach innen wölben, den Pfannendeckel darauftun und wieder 1-12 Stunden gehen lassen.

Das Brot bei mittlerer Temperatur auf der Herdplatte backen, bis man sieht, daß es durchgegart ist (etwa 50 Min.), dann vorsichtig umdrehen und auch von der Oberseite mit geschlossenem Deckel in etwa 15-18 Min. leicht bräunen.

Quinoa-Rote Linsen-Brot

Zutaten für 24cm Hochrandpfanne:

1. Ansatz: 200 g buntes Quinoa, 70 g Chiasamen (zusammen feingemahlen), 1/3-2/3 Teel. Salz (je nach Bedarf), 1 Messerspitze Trockenhefe, je nach Wunsch etwas Honig und 500 g gut handwarmes Wasser

2. Ansatz: 250 g Rote Linsen (feingemahlen), 1/3-2/3 Teel. Salz und 250 g gut handwarmes Wasser

3. Ansatz: 160 g buntes Quinoa (feingemahlen), 70 g Kastanienmehl, 1/3-2/3 Teel. Salz, 1-2 Eßl. Sesam- oder Sonnenblumenöl und 90 g Wasser

Die Zutaten für den ersten Ansatz miteinander verrühren, mit einem Silikondeckel bedecken und 4-12 Stunden bei Zimmertemperatur ruhen lassen. Es sollten dann die ersten Gärbläschen sichtbar sein.

Dann die Zutaten für den zweiten Ansatz hinzufügen, wieder mit dem Silikondeckel bedecken und 4-12 Stunden gehen lassen. Jetzt ist Gärprozess deutlich erkennbar.

Die restlichen Zutaten hinzufügen, den Teig gut vermengen, dann in die Pfanne füllen, mit einem Teigschaber glatt streichen, den äußeren Rand etwas nach innen wölben, den Pfannendeckel darauftun und wieder 1-12 Stunden gehen lassen.

Das Brot bei mittlerer Temperatur auf der Herdplatte backen, bis man sieht, daß es durchgegart ist (50-60

Minuten, da der Teig sehr viel feuchter ist als bei anderen Broten ist die Backzeit etwas länger.), dann vorsichtig umdrehen und auch von der Oberseite mit geschlossenem Deckel in etwa 15-18 Min. leicht bräunen.

Reis-Buchweizenbrot

Zutaten für 24cm Hochrandpfanne:

1. Ansatz: 200 g Bhasmatireis (feingemahlen), 40 g Süßlupinenmehl, 1/3-2/3 Teel. Salz (je nach Bedarf), 1 Messerspitze Trockenhefe, je nach Wunsch etwas Honig und 360 g gut handwarmes Wasser

2. Ansatz: 200 g Buchweizen (feingemahlen), 1/3-2/3 Salz und 200 g gut handwarmes Wasser

3. Ansatz: 100 g Bhasmatireis, 100 g Buchweizen (jeweils feingemahlen), 40 g Süßlupinenmehl, 1/3-2/3 Teel. Salz, 1-2 Eßl. Sesam- oder Sonnenblumenöl und 200 g Wasser

Dieses Rezept wollte ich ursprünglich mit Rundkornreis machen, der war bloß leider ausverkauft. Backwaren mit Reis- oder Buchweizenmehl sind normalerweise eher etwas dicht und gedrungen, durch die Hinzugabe von soviel Süßlupinenmehl und soviel Wasser wird das Brot leicht und locker. Für mich sehr schmackhaft.

Die Zutaten für den ersten Ansatz miteinander verrühren, mit einem Silikondeckel bedecken und 4-12 Stunden bei Zimmertemperatur ruhen lassen. Es sollten dann die ersten Gärbläschen sichtbar sein.

Dann die Zutaten für den zweiten Ansatz hinzufügen, wieder mit dem Silikondeckel bedecken und 4-12 Stunden gehen lassen. Jetzt ist Gärprozess deutlich erkennbar.

Die restlichen Zutaten hinzufügen, den Teig gut vermengen, dann in die Pfanne füllen, mit einem Teigschaber glatt streichen, den äußeren Rand etwas nach innen wölben, den Pfannendeckel darauftun und wieder 1-12 Stunden gehen lassen.

Das Brot bei mittlerer Temperatur auf der Herdplatte backen, bis man sieht, daß es durchgegart ist (etwa 50 Minuten), dann vorsichtig umdrehen und auch von der Oberseite mit geschlossenem Deckel in etwa 15-18 Min. leicht bräunen.

Reisbrot mit Flohsamen

Zutaten für 24cm Hochrandpfanne:

1. Ansatz: 220 g Langkornreis, 25 g Flohsamen, ½ Teel. Salz, 1 Messerspitze Trockenhefe, je nach Wunsch etwas Honig und 440 g gut handwarmes Wasser

2. Ansatz: 220 g Langkornreis, 8 g Flohsamen, ½-¾ Teel. Salz und 260 g gut handwarmes Wasser

3. Ansatz: 220 g Langkornreis, ½-¾ Teel. Salz, 1-2 Eßl. Sesam- oder Sonnenblumenöl und 50 g Wasser

Langkornreis und Flohsamen jeweils zusammen feinmahlen.

Die Zutaten für den ersten Ansatz miteinander verrühren, mit einem Silikondeckel bedecken und 4-12 Stunden bei Zimmertemperatur ruhen lassen. Es sollten dann die ersten Gärbläschen sichtbar sein.

Dann die Zutaten für den zweiten Ansatz hinzufügen, wieder mit dem Silikondeckel bedecken und 4-12 Stunden gehen lassen. Jetzt ist Gärprozess deutlich erkennbar.

Die restlichen Zutaten hinzufügen, den Teig gut vermengen, dann in die Pfanne füllen, mit einem Teigschaber glatt streichen, den äußeren Rand etwas nach innen wölben, den Pfannendeckel darauftun und wieder 1-12 Stunden gehen lassen.

Das Brot bei mittlerer Temperatur auf der Herdplatte backen, bis man sieht, daß es durchgegart ist (etwa 60

Minuten, da der Teig sehr viel feuchter ist als bei anderen Broten ist die Backzeit etwas länger.), dann vorsichtig umdrehen und auch von der Oberseite mit geschlossenem Deckel in etwa 15-18 Min. leicht bräunen.

Roter Reis-Rote Linsen-Brot

Zutaten für 24cm Hochrandpfanne:

1. Ansatz: 200 g Roter Reis, 20 g Flohsamen (zusammen feingemahlen), ½ Teel. Salz, 1 Messerspitze Trochenhefe, je nach Wunsch etwas Honig und 400 g gut handwarmes Wasser

2. Ansatz: 130 g Roter Reis, 130 g Rote Linsen, 15 g Flohsamen (zusammen feingemahlen), ½-¾ Teel. Salz und 280 g gut handwarmes Wasser

3. Ansatz: 200 g Rote Linsen (feingemahlen), 70 g Kastanienmehl, ½ Teel. Salz, 2 Eßl. Sesam- oder Sonnenblumenöl und etwa 50 g Wasser

Dieses Brot ist durch die roten Zutaten von sehr dunkler Farbe und es bleibt auch relativ dicht, vom Gehalt her ist es sehr leicht. Ich persönlich fand es sehr schmackhaft.

Die Zutaten für den ersten Ansatz miteinander verrühren, mit einem Silikondeckel bedecken und 4-12 Stunden bei Zimmertemperatur ruhen lassen. Es sollten dann die ersten Gärbläschen sichtbar sein.

Dann die Zutaten für den zweiten Ansatz hinzufügen, wieder mit dem Silikondeckel bedecken und 4-12 Stunden gehen lassen. Jetzt ist Gärprozess deutlich erkennbar.

Die restlichen Zutaten hinzufügen, den Teig gut vermengen, dann in die Pfanne füllen, mit einem Teigschaber glatt streichen, den äußeren Rand etwas nach innen wölben, den Pfannendeckel darauftun und wieder 1-12 Stunden gehen lassen.

Das Brot bei mittlerer Temperatur auf der Herdplatte backen, bis man sieht, daß es durchgegart ist (etwa 60 Minuten, da der Teig sehr viel feuchter ist als bei anderen Broten ist die Backzeit etwas länger.), dann vorsichtig umdrehen und auch von der Oberseite mit geschlossenem Deckel in etwa 15-18 Min. leicht bräunen.

Buchweizen-Kichererbsenbrot

Zutaten für 24cm Hochrandpfanne:

1. Ansatz: 180 g Buchweizen, 35 g Leinsamen (zusammen feingemahlen), ½ Teel. Salz, 1 Messerspitze Trockenhefe, je nach Wunsch etwas Honig und 400 g gut handwarmes Wasser

2. Ansatz: 220 g Buchweizen, 30 g Leinsamen (zusammen feingemahlen), ½-¾ Teel. Salz und 250 g gut handwarmes Wasser

3. Ansatz: 220 g Kichererbsenmehl, ½-¾ Teel. Salz, 2 Eßl. Sesam- oder Sonnenblumenöl und 120 g Wasser

Buchweizen- und Kichererbsenmehl nehmen beide gut Flüssigkeit auf und machen den Teig erst mal sehr dicht. Vor allem beim 3. Ansatz ist der Teig deshalb sehr zäh und etwas schwieriger zu vermengen. Der Teig geht dann auch erst beim Backen richtig auf, das fertige Brot ist von der Krume her zwar auch relativ dicht, trotzdem ist es leicht und gut bekömmlich.

Die Zutaten für den ersten Ansatz miteinander verrühren, mit einem Silikondeckel bedecken und 4-12 Stunden bei Zimmertemperatur ruhen lassen. Es sollten dann die ersten Gärbläschen sichtbar sein.

Dann die Zutaten für den zweiten Ansatz hinzufügen, wieder mit dem Silikondeckel bedecken und 4-12 Stunden gehen lassen. Jetzt ist Gärprozess deutlich erkennbar.

Die restlichen Zutaten hinzufügen, den Teig gut vermengen, dann in die Pfanne füllen, mit einem Teigschaber glatt streichen, den äußeren Rand etwas nach innen wölben, den Pfannendeckel darauftun und wieder 1-12 Stunden gehen lassen.

Das Brot bei mittlerer Temperatur auf der Herdplatte backen, bis man sieht, daß es durchgegart ist, dann vorsichtig umdrehen und auch von der Oberseite mit geschlossenem Deckel in etwa 15-18 Min. leicht bräunen.

Hefebrötchen und Hefeküchlein

Das Backen von Hefebrötchen in der Pfanne ist wohl die einfachste, schnellste und vielseitigste Art der Brotherstellung. Man macht einen ziemlich flüssigen Hefeteig, läßt die Hefe kurz aktiv werden, gibt den Teig dann eßlöffelweise in die Pfanne und bäckt die Brötchen in etwa 20 Minuten.

Nach dem Verrühren haben sich Hefe, Mehl und Flüssigkeit miteinander verbunden, und dabei sind schon leicht Gase entstanden. Durch das Erhitzen wird nun die Flüssigkeitsaufnahme des Mehles aktiviert und die Gasbildung beschleunigt. Da die Hitze nur von unten kommt, entfaltet sich der Teig vorwiegend in die Höhe und erhält durch das Garen eine stabilere Struktur, die sich beim Erkalten noch verfestigt.

Als Ergebnis erhält man sehr leichte, lockere Vollkornbrötchen, die wegen des hohen Flüssigkeitsgehaltes außerordentlich variantenreich herstellbar sind. Außer mit Roggen oder Grünkern, deren Reaktionszeit zu lang ist, kann man auf diese Art aus allen Getreidearten (und mit Sicherheit auch aus anderen Mehlsorten) kleine Hefebrötchen und -küchlein herstellen, und dies mitunter ohne jeden Weizen- oder Dinkelanteil. Also für alle, die eine Glutenallergie haben oder sonstwie Diät leben müssen, dürfte es eine interessante Methode sein.

Man mag vielleicht die sonst bei Brötchen übliche Kruste vermissen, aber die unendliche Vielzahl an Geschmacksrichtungen, die man auf diese Art backen kann, läßt einen das doch schnell vergessen.

Besonders gut läßt sich bei dieser Art des Pfannenbackens beobachten, wie sich die einzelnen Zutaten beim Backen verhalten.

Eier sollte man nicht verwenden!

Bei der Flüssigkeitszugabe sollte das Gewicht der Flüssigkeit nicht das Gewicht des Mehles überschreiten, es sei denn, man verwendet Chia- oder Flohsamen, also extrem stark Flüssigkeit bindende Zutaten.

Butter sollte man nur zusammen mit Quark, besser noch Sahnequark, Buchweizen- oder Maismehl verwenden oder aber vor der Weiterverarbeitung gut binden (siehe Hefe-Mürbeteigküchlein).

Man lernt nie aus! Habe heute 2 Teige mit Butter in Verbindung mit Floh- bzw. Chiasamen ausprobiert, das klappt super (siehe Mandel-Rosinen-Küchlein mit Flohsamen, Quinoa-Rote Linsen-Küchlein). Also Leute, probiert aus!

Bei dieser Methode benötigt man relativ viel Hefe, sie wird jedoch durch die viele Flüssigkeit vollkommen im Teig gebunden.

Die Hefe muß vor dem Backen etwas aktiv werden, also 20 Minuten sollte man den Teig mindestens ruhen lassen.

Die Brötchen und Küchlein werden netter, wenn der Teig in die schon auf Backtemperatur erhitzte Pfanne gegeben wird. Wie bei den großen Broten ist mittlere Temperatur super, man dürfte hier aber auch eine etwas höhere Temperatur wählen.

Der Teig wird am einfachsten mit einem nassen Löffel portionsweise in die Pfanne gegeben und eventuell mit einem Silikonschaber nachgeformt, vor jeder Portion den Löffel kurz in Wasser tauchen.

Die Backwaren sind gar, wenn sie von unten braun und leicht knusprig geworden (Man sieht auch obendrauf eine leichte Farbveränderung, nicht mehr teigig.) Ich drehe alles um, auch wenn die feineren Küchlein mit Butter im Teig etwas zusammengehen, aber das bleibt jedem selbst überlassen.

Da die Brötchen und Küchlein sich erst beim Erkalten verfestigen, sollte man sie nicht warm aufschneiden.

Offen im Brotkasten gelagert bleiben die Brötchen 2-3 Tage frisch, Brötchen mit Sojamehl und Küchlein mit Butter im Teig auch etwas länger.

Zu den Teigmengen: In einer Pfanne mit 24 cm Durchmesser kann man locker 4, eventuell 5 Brötchen backen, in einer mit 26 cm locker 6 Brötchen und in einer mit 28 cm 7-8 Brötchen.

Weizen- oder Dinkelbrötchen

Zutaten für etwa 8 Brötchen:

180 g Weizen- oder Dinkelmehl, etwa ½ Teel. Salz, ½ Teel. Honig, 12 g frische Hefe und 150-160 g handwarmes Wasser

Die Zutaten in eine Schüssel geben und gut miteinander verrühren. Den Teig bei Zimmertemperatur etwa 20 Minuten gehen lassen.

Die Pfanne auf mittlere Temperatur erhitzen. Den Teig nochmals gut durchrühren und mit einem nassen Löffel portionsweise in die Pfanne geben, zugedeckt in etwa 16-20 Minuten von unten braun backen. Nach Wunsch die Brötchen umdrehen und mit oder ohne Deckel in 7-10 Minuten auch von der Oberseite bräunen. Dann heraus-nehmen und auf einem Kuchengitter abkühlen lassen.

Varianten:

Die Brötchen kann man in beliebig vielen Geschmacks-variationen herstellen. Statt Wasser kann man z.B. 160 g Milch, 180 g Buttermilch, Kefir, Joghurt oder Dickmilch beziehungsweise 100 g Wasser und 100 g Quark verwenden. Honig kann nach Belieben in jeder Menge dazugefügt werden. Verfeinern kann man die Brötchen durch Gewürze (je nach Geschmack), 25-30 g Sonnen-

blumenkerne, 30 g ganzen oder gemahlenen Sesam,
30-50 g gehackte oder gemahlene Mandeln oder Nüsse,
20 g geschroteten Leinsamen (plus 20 g Wasser), 30-40 g
Rosinen oder auch 40-50 g geriebenen Käse. Bei der
Verwendung von Milchprodukten kann man ½ Eßl.
Sesam- oder Sonnenblumenöl unter den Teig mischen.

Hefe-Quarkküchlein

Zutaten für etwa 8 Küchlein:

150 g Weizen- oder Dinkelmehl, 12 g frische Hefe, 70 g
handwarmes Wasser, 40 g Butter, etwa 40 g Honig, 70 g
Sahnequark, 1 Prise Salz, je 1 Prise gemahlene Vanille
und Zimtpulver, 30-40 g ungeschwefelte Rosinen, 40 g
gehackte Mandeln oder Nüsse

Etwa die Hälfte des Mehls mit der Hefe und dem Wasser
verrühren. Die Butter bei kleiner Temperatur schmelzen,
mit Honig, Quark und Gewürzen verrühren, das restliche
Mehl, den Hefeansatz und die restlichen Zutaten
dazugeben und alles gut vermengen. Den Teig bei
Zimmertemperatur etwa 20 Minuten gehen lassen.

Die Pfanne auf mittlere Temperatur erhitzen. Den Teig nochmals vermengen, dann mit einem nassen Löffel portionsweise in die Pfanne geben und zugedeckt in etwa 15 Minuten von unten braun backen. Nach Wunsch die Brötchen umdrehen und mit oder ohne Deckel in 6-8 Minuten auch von der Oberseite bräunen. Dann herausnehmen und auf einem Kuchengitter abkühlen lassen.

Hefe-Mürbeteigküchlein

Zutaten für etwa 8 Küchlein:

50 g Butter, 160 g Weizen- oder Dinkelmehl, etwa 50 g Honig, 1 Prise Salz, je 1 Messerspitze gemahlener Anis und gemahlener Kardamom, 12 g frische Hefe, 40 g ungeschwefelte Rosinen, 20 g Korinthen, 90-100 g handwarme Milch

Die Butter bei kleiner Hitze schmelzen, dann mit der Hälfte des Mehles gut vermengen. Die restlichen Zutaten in eine Schüssel geben und gut miteinander verrühren, dann den Mürbeteig dazugeben und alles gut vermengen.

Den Teig bei Zimmertemperatur etwa 20 Minuten gehen lassen.

Die Pfanne auf mittlere Temperatur erhitzen. Den Teig nochmal gut verrühren, dann mit einem nassen Löffel portionsweise in die Pfanne geben und zugedeckt in etwa 15 Minuten von unten braun backen. Nach Wunsch die Brötchen umdrehen und mit oder ohne Deckel in 6-8 Minuten auch von der Oberseite bräunen. Dann herausnehmen und auf einem Kuchengitter abkühlen lassen.

Käsebrötchen

Zutaten für etwa 8 Brötchen:

25 g Sesam, 140 g Weizen oder Dinkel, 12 g frische Hefe, 70 g handwarme Milch, 50-60 g Hartkäse (z.B. Emmentaler), 30 g Butter, 70 g Quark, knapp ¼ Teel. Salz, 1 Teel. Rosenpaprikapulver, ¼ Teel. gemahlener Koriander

Den Sesam in einer trockenen Pfanne bei kleiner Hitze leicht rösten, wieder abkühlen lassen und mit dem Weizen oder Dinkel feinmahlen.

Die Hälfte des Mehls mit der Hefe und der Milch verrühren. Den Käse feinreiben. Die Butter bei kleiner Hitze schmelzen, mit dem Quark und den Gewürzen gut verrühren, dann das restliche Mehl, den Hefeansatz und den Käse dazugeben und alles gut vermengen. Den Teig bei Zimmertemperatur etwa 20 Minuten gehen lassen.

Die Pfanne auf mittlere Temperatur erhitzen. Den Teig nochmal vermengen, dann mit einem nassen Löffel portionsweise in die Pfanne geben und zugedeckt in etwa 15 Minuten von unten braun backen. Nach Wunsch die Brötchen umdrehen und mit oder ohne Deckel in 6-8 Minuten auch von der Oberseite bräunen. Dann herausnehmen und auf einem Kuchengitter abkühlen lassen.

Brötchen mit Sojamehl

Brötchen mit Sojamehl sind nicht nur sehr schmackhaft, sondern durch die starke Flüssigkeitsaufnahme dieses Mehles (hoher Eiweißanteil) auch gut gebunden. Man kann deshalb bei Mitverwendung von Sojamehl auch sehr einfach Brötchen ohne Weizenanteil backen. Dabei gleicht das Sojamehl die zwischen den verschiedenen Getreidearten bestehenden Backunterschiede etwas aus, und so werden z.B. Reis- oder Maisbrötchen lockerer, Hafer- oder Hirsebrötchen dagegen gebundener. Allerdings verträgt nicht jeder Soja (Ich z.B.), es sollte deshalb nicht unbedacht verarbeitet werden. Für Süßlupine (gleich hoher Eiweißanteil) gilt ähnliches. Sojabrötchen sind schneller gar und bleiben länger frisch.

Zutaten für etwa 8 Brötchen:

160 g Weizen- oder Dinkelmehl, 40 g Vollsojamehl (ersatzweise 40 g Süßlupinenmehl), etwa ¾ Salz, 15 g frische Hefe, 200 g handwarmes Wasser und 1 Eßl. Sesam- oder Sonnenblumenöl

Mehl, Salz, Hefe und Wasser in eine Schüssel geben und gut verrühren, dann das Öl untermengen. Den Teig bei Zimmertemperatur etwa 20 Minuten gehen lassen.

Die Pfanne auf mittlere Temperatur erhitzen. Den Teig nochmal verrühren, dann mit einem nassen Löffel portionsweise in die Pfanne geben und zugedeckt in etwa 15-18 Minuten von unten braun backen. Nach Wunsch die Brötchen umdrehen und mit oder ohne Deckel in 6-8 Minuten auch von der Oberseite bräunen. Dann heraus- nehmen und auf einem Kuchengitter abkühlen lassen.

Varianten:

Soja-Gerstenbrötchen

50 g Vollsojamehl, 150 g Gerstenmehl verwenden

Soja-Reisbrötchen

80 g Vollsojamehl, 120 g Reismehl verwenden

Soja-Hirsebrötchen

60 g Vollsojamehl, 60 g Hirsemehl verwenden, 200 g Wasser durch 200 g Buttermilch ersetzen

Haferbrötchen

Hafer reagiert schnell und fördert das Aufgehen des Teiges. Brötchen aus Hafermehl haben zwar keine große Stabilität, aber sie sind machbar: Sie gehen in die Breite und sind locker und weich. Außer durch Weizen- oder Dinkelmehl erhalten Haferbrötchen durch Buchweizen- oder Vollsojamehl eine festere Konsistenz. Wichtig ist, daß man den Hafer vor dem Mahlen leicht röstet, da er sonst flockenartig wird.

Zutaten für etwa 8 Brötchen:

160 g Hafer, etwa ½ Teel. Salz, 12 g frische Hefe, 160 g zimmerwarme Buttermilch oder Kefir, eventuell etwas Muskatblüte und gemahlener Piment

Den Hafer in einer trockenen Pfanne bei schwacher Hitze rösten, bis er würzig duftet, wieder abkühlen lassen und dann feinmahlen. Die restlichen Zutaten dazugeben und alles gut verrühren. Den Teig bei Zimmertemperatur etwa 20 Minuten gehen lassen.

Die Pfanne auf mittlere Temperatur erhitzen. Den Teig nochmal verrühren, dann mit einem nassen Löffel portionsweise in die Pfanne geben und zugedeckt in 16-20 Minuten von unten braun backen. Nach Wunsch die Brötchen umdrehen und mit oder ohne Deckel in 7-10 Minuten auch von der Oberseite bräunen. Dann herausnehmen und auf einem Kuchengitter abkühlen lassen.

Varianten:

Hafer-Buchweizenbrötchen

120 g Hafermehl, 60 g Buchweizenmehl und 180 g Buttermilch verwenden

Feigenküchlein mit Hafermehl

125 g getrocknete, kleingeschnittene Feigen mit 15 g sehr klein geschnittenem Orangeat in 160 g handwarmem Wasser etwa 20 Minuten einweichen. Dann 12 g frische Hefe darin auflösen, mit 40 g Honig, 1 Prise Salz, je 1 Messerspitze gemahlenem Anis und gemahlenen Nelken, 50 g Hafermehl und 100 g Weizen- oder Dinkelmehl verrühren und 20 Minuten gehen lassen. 40 g gehackte Mandeln oder Nüsse und 1 Eßl. Sonnenblumenöl dazugeben. Den Teig eßlöffelweise in die Pfanne geben und wie oben beschrieben backen.

Gerstenbrötchen

Gerste nimmt viel Flüssigkeit auf, verliert dabei jedoch nicht seine krumige Substanz. Ein großes Hefebrot, nur mit Gerstenmehl gebacken, wird meist zu kompakt und krümelig. Bei Verwendung von Joghurt kann man in der Pfanne jedoch durchaus leckere Brötchen nur mit Gerstenmehl herstellen. Durch den Zusatz von Weizen- oder Dinkelmehl werden Gerstenbrötchen lockerer.

Zutaten für etwa 8 Brötchen:

200 g Gerstenmehl, ½-¾ Teel. Salz, 15 g frische Hefe und 200 g zimmerwarmer Joghurt

Die Zutaten in eine Schüssel geben und gut miteinander verrühren. Den Teig bei Zimmertemperatur etwa 20 Minuten gehen lassen.

Die Pfanne auf mittlere Temperatur erhitzen. Den Teig nochmals gut durchrühren und mit einem nassen Löffel portionsweise in die Pfanne geben, zugedeckt in etwa 16-20 Minuten von unten braun backen. Nach Wunsch die Brötchen umdrehen und mit oder ohne Deckel in 7-10 Minuten auch von der Oberseite bräunen. Dann herausnehmen und auf einem Kuchengitter abkühlen lassen.

Variante:

Dinkel-Gerstenbrötchen

Je 90 g Dinkel- und Gerstenmehl, etwa ½ Teel. Salz, 1 Teel. Honig, 15 g frische Hefe und 180 g handwarme Milch verrühren, dann 1 Eßl. Sonnenblumenöl dazugeben, gehen lassen und wie oben beschrieben backen.

Buchweizenbrötchen

Buchweizen hat starke Bindekräfte, man kann deshalb schmackhafte Brötchen nur mit Buchweizenmehl herstellen. Mit Weizen oder Dinkel werden die etwas dichten Brötchen lockerer.

Zutaten für etwa 8 Brötchen:

180 g Buchweizenmehl, ½ Teel. Salz, 1 Teel. Honig, 15 g frische Hefe und 180 g zimmerwarme Buttermilch

Die Zutaten in eine Schüssel geben und gut miteinander verrühren. Den Teig bei Zimmertemperatur etwa 20 Minuten gehen lassen.

Die Pfanne auf mittlere Temperatur erhitzen. Den Teig nochmals gut durchrühren und mit einem nassen Löffel portionsweise in die Pfanne geben, zugedeckt in etwa 16-20 Minuten von unten braun backen. Nach Wunsch die Brötchen umdrehen und mit oder ohne Deckel in 7-10 Minuten auch von der Oberseite bräunen. Dann herausnehmen und auf einem Kuchengitter abkühlen lassen.

Variante:

Buchweizenbrötchen mit Weizen oder Dinkel

Den Teig aus je 90 g Buchweizen- und Weizen- oder Dinkelmehl, ½ Teel. Salz, 15 g frischer Hefe, 90 g zimmerwarmem Sahnequark und 100 g handwarmem Wasser herstellen, dann 1 Eßl. Sonnenblumenöl und 30-40 g Sonnenblumenkerne dazugeben, etwa 20 Minuten gehen lassen und wie oben beschrieben backen.

Mandel-Rosinenküchlein mit Flohsamen

Flohsamen nehmen wirklich sehr viel Wasser auf und binden einen Teig ganz hervorragend. Das Backergebnis ist nicht nur sehr schmackhaft, sondern auch leicht und locker, insofern sehr gut bekömmlich.

Zutaten für etwa 11 Küchlein:

200 g Dinkel, 15 g Flohsamen (zusammen feingemahlen), 3 g Trockenhefe, 215 g gut handwarmes Wasser, 40 g Butter, 50 g Vollrohrzucker, 1 Prise Salz, 45 g gehackte Mandeln, 50 g Rosinen, Gewürze nach Wahl (z.B. Vanille und Zimt)

Dinkel und Flohsamen zusammen feinmahlen, mit Hefe und Wasser verrühren. Die Butter schmelzen, mit den restlichen Zutaten zum Teig geben und alles gut vermengen. Den Teig bei Zimmertemperatur etwa 20 Minuten gehen lassen.

Die Pfanne auf mittlere Temperatur erhitzen. Den Teig nochmal vermengen, dann mit einem nassen Löffel portionsweise in die Pfanne geben und zugedeckt in etwa 15 Minuten von unten braun backen. Nach Wunsch die Brötchen umdrehen und mit oder ohne Deckel in 6-8 Minuten auch von der Oberseite bräunen. Dann herausnehmen und auf einem Kuchengitter abkühlen lassen.

Quinoa-Rote Linsen-Küchlein

Auch glutenfreie Zutaten werden durch Chiasamen ganz hervorragend gebunden, selbst wenn man Butter verwendet. Geschmacklich verwende ich Chiasamen lieber bei pikanteren Backwaren, Butter könnte man dann auch durch Olivenöl ersetzen.

Zutaten für etwa 11 Küchlein:

110 g buntes Quinoa, 20 g Chiasamen, 80 g Rote Linsen, etwa ½ Teel. Salz, 2 Teel. Scharfmacher (Sonnentor), 3 g Trockenhefe, 240 g gut handwarmes Wasser, 50 g Butter, 50 g kleingeschnittene schwarze Oliven, 50 g geraspelter Mozzarella oder anderer Käse

Quinoa, Chiasamen und Rote Linsen zusammen fein-mahlen, dann mit Salz, Gewürzen, Hefe und Wasser verrühren. Die Butter schmelzen und mit den restlichen Zutaten zum Teig geben und alles gut vermengen. Den Teig bei Zimmertemperatur etwa 20 Minuten gehen lassen.

Die Pfanne auf mittlere Temperatur erhitzen. Den Teig nochmal vermengen, dann mit einem nassen Löffel portionsweise in die Pfanne geben und zugedeckt in etwa 15 Minuten von unten braun backen. Nach Wunsch die Brötchen umdrehen und mit oder ohne Deckel in 6-8 Minuten auch von der Oberseite bräunen. Dann heraus-nehmen und auf einem Kuchengitter abkühlen lassen.

Zeitfracht Medien GmbH
Ferdinand-Jühlke-Straße 7
99095 Erfurt, Deutschland
produktsicherheit@kolibri360.de